[美] 杰西卡·伊斯托（Jessica Easto）——编著　张旭　任泽昆——译

ROCKET MAN

颠覆

马斯克的商业逻辑和创新法则

浙江人民出版社

我在努力让人类免于灭顶之灾，并尽全力创造一个美好的未来。我没想到这几家公司会成功，我觉得它们很可能失败。

——埃隆·马斯克，2016 年 1 月

前言

埃隆·马斯克想改变世界。

为这本书收集素材时，我发现，马斯克狂野、霸气的雄心壮志困扰着（或者说激怒了）人们，但同时也激励着人们。实际上，他所开创的事业，无论是深度还是广度，都对世界的发展产生了重要的影响。

马斯克在年幼时就知道，他想离开南非的家，到美国去——用他自己的话说，美国是“世界上有史以来最强大的国家”——是为了获得利于他施展拳脚的环境。上大学时，他就认定了，最有可能深刻影响未来的领域包括互联网、太空旅行和可持续能源。从那时起，他就开始努力，想逐一攻破。

2002 年，易贝网（eBay）收购贝宝（PayPal，马斯克的第二家互联网公司）时，他拿着足足一亿八千万美元离开，而后马上把这笔钱投进了一家看似风险极大的公司——SpaceX，这是一家旨在“革新空间技术、终极目标是让人类能在其他星球上生活”的私营企业。马斯克自学了火箭科学，成为 SpaceX 公司（后文简称“SpaceX”）的首席设计师，朝着把生命送上其他星球的目标迈出了第一步——降低太空旅行的成本。自那时起的十四年间，马斯克和 SpaceX 团队改变了火箭的制造方法，将发射成本降低了数百万美元，与政府和企业签下了利润丰厚的合同。太空旅行也取得了若干项里程碑式的突破，包括能够成功发射轨道火箭助推器以及让轨道火箭助推器成功着陆（并有希望再利用）。现在，公司已经将目光锁定为火星。

2004 年，马斯克又加入了刚刚成立的特斯拉汽车公司，将公司的使命确立为“加快世界向使用可持续能源的转变”，制造实用、有趣、快速、美观、人人都能买得起的纯电动汽车。首先推出的是 Roadster，证明了电动豪华跑车的续航里程也可以很可观。接下来推出了一款豪华轿车 Model S，然后推出了一款 SUV——Model X。在设计时，两款车都把安全性放在了第一位（Model S 的安全得分是评测史上最高的）。2016 年 3 月，特斯拉汽车公司宣布推出人们盼望已久的、面向大众市场的 Model 3，开售仅仅两周，预定数已近四十万辆。

特斯拉汽车公司在发展的过程中，将世界上最复杂的商品之一——汽车的生产过程进行了革新，不断创新、改进电池工艺——其复杂程度众所周知。与汽车行业和石油巨头相竞争，发明并建立了通过特斯拉能源充电以及电力存储的实用系统——马斯克对太阳城公司的收购就是为实现这个目标而打下的基石。

太阳城公司是一家太阳能电池板生产和安装公司，从 2006 年公司创立之初，马斯克就一直为其提供支持和建议。从太阳城公司、特斯拉能源公司到特斯拉汽车公司

（后文简称“特斯拉”），马斯克认为他创造了一套完整的可持续能源解决方案：从生产、存储到运输。

马斯克特立独行、有远见卓识，面对极为难懂、极其复杂的问题，能够找到问题最重要的点，并找到解决方案——即使门槛很高，即使失败的风险几乎是百分之百——这种能力极为难能可贵。他深入参与 SpaceX 公司和特斯拉这两家公司的方方面面，因为热爱，他首先是一名工程师，而因为责任，他又是企业家和商人。用比尔·盖茨的话说：“世界上从不缺乏有远见之人，埃隆·马斯克的不凡之处就在于他能让自己设想的未来成真。”

尽管如此，批评家还是坚称马斯克的公司不算成功：公司不赢利；经常延期交付；生产的产品不安全、未经检测，或者不可靠；他们的雄心壮志存在很大的缺陷；公司的首席执行官是个自大狂，疯狂又冷漠，不用傲慢、狂妄把自己的公司拖垮就不罢休。针对这些言论，还是让马斯克为自己辩护吧。不过有一点需要注意，关注细节的确是个优点，但媒体执着于马斯克的失败，却无视他取得的一系列的成就，这的确让人无法理解。

实际上，即使马斯克所有的投资都失败了，他也依然加快了人类朝可持续能源和多行星文明迈进的进程。马斯克经常超出人们的期望，以至于大家很容易忘记他起步时的环境是怎样的：一个可行的电动汽车方案都没有，美国国内的发射器早已过时，无法把人送上太空。特斯拉 Model 3 卖出了数十万辆，其他汽车公司才开始更加重视自家的电动汽车项目，最成功的是雪佛兰公司的雪佛兰伏特和奥迪公司的 e-tron quattro。在重复利用轨道火箭和研发节约成本的火箭方面，没有哪家航空企业能跟 SpaceX 相比。2016 年，联合发射联盟（ULA，波音和洛克希德·马丁的航空技术联合公司，是 SpaceX 在美国的主要竞争对手）的一位高管辞职，他承认联合发射联盟在发射成本上无法与 SpaceX 相竞争。

2015 年，马斯克与其他企业家共同创建了 OpenAI。它是一家非营利性机构，致力于保持人工智能的开源性，让所有人都可以从中获益。特斯拉的专利也是开源的，任何人都可以得到，并利用专利获利。专利的开源性也突出了这一点：驱动马斯克的动力是使命，而不是赢利。也许在马斯克的个性中，比较令人钦佩（当然，如果你在华尔街，应该没法理解）的一点是，他似乎不在乎经济收益。身为亿万富翁，有这种思想并不奇怪。但在 2008 年，马斯克为了帮助 SpaceX 和特斯拉渡过难关，几乎将个人的所有资金都倾注给了这两家公司。他毫不含糊地投入改善人类的事业之中，为缔造一个光明、振奋人心的未来而不懈努力。

目录

第一章

创业之初

在南非长大

我小时候总是读着书到处走。我是我们年级里年龄最小的，我确实很小。我有点人小鬼大的感觉。各式各样的祸我都闯过，我挨过各式各样的骂，还被痛打过。

——《时代》杂志，2010 年 7 月 19 日

那里滋生的暴力，在美国学校是绝对无法容忍的，就像《蝇王》里的一样。有几个很坏的帮派，他们会选择欺负的对象，我是其中之一。我觉得他们之所以选我，部分原因是我站出来维护一个被他们骚扰的小孩。就这样，我成了目标。

——《时尚》杂志，2015 年 9 月 21 日

《银河系漫游指南》

我一直有一种攸关人类存亡的危机感，我读了各种各样的书，想知道生命的意义……因为生命似乎毫无意义。我们家正好有一些尼采和叔本华的书，十四岁时不应该看这类书——简直有害，很消极。但之后，我读到了《银河系漫游指南》，这本书内容很积极向上。

——计算机历史博物馆变革者演讲，2013 年 1 月 22 日

它教会我，最难的是搞清楚应该提什么问题。一旦你问对了问题，余下的就很容易了。我意识到，我们应该立志提高人类意识的范围和规模，这样才能更好地理解应该提什么问题。为启迪更多的人而奋斗，这才是唯一有意义的。

——彭博社，2012 年 9 月 14 日

为什么选择硅谷？

每当我读到有关很酷的科技信息时，它们往往都是出现在美国，或者范围更广一点，北美……我想去尖端科技所在之地，在美国境内，硅谷当然是一切的核心。那时，我不知道硅谷在哪儿，这个地方听起来像个神话里的地方。

——计算机历史博物馆变革者演讲，2013 年 1 月 22 日

教　育

来北美读大学有个缺点，那就是，我父亲说，除非我读南非的大学，否则他不给我付学费。所以，我要么在南非读“免费的”大学，要么想办法付这里的学费。幸运的是，我获得了宾夕法尼亚大学的奖学金，我在宾大取得了商学（沃顿商学院）和物理学双学士学位。

——计算机历史博物馆变革者演讲，2013 年 1 月 22 日

大学时期的约会

她说我问她的第一个问题是："你想过关于电动汽车的问题吗？"她说她没想过。约会不太成功。不过，最近（用这句话）跟人搭讪的成功率变高了。

——计算机历史博物馆变革者演讲，2013 年 1 月 22 日

选择职业道路

我上大学时想："在宏观层面上，最有可能影响人类未来的事物是什么？"似乎应该包括互联网、可持续能源、将生命送到其他星球上、遗传学和人工智能。我考虑了一下前三个，如果在这三个领域钻研，结果应该都是比较好的，后两个更冒险一些。

——斯坦福科技创业计划未来节，2015 年 10 月 7 日

创立互联网公司

1995 年的那个夏天，互联网似乎要对人类产生巨大影响了。我想，我可以研究电动汽车科技、在斯坦福读博士，眼看着互联网日益壮大，或者暂缓求学的脚步，成为互联网的一部分。

——《财新时间》，2014 年 4 月 22 日

我想的不是“我想赚大钱”……有了互联网，不管你身处何地，只要能联网，就能接触到世界上所有的信息，就像神经网。人类正迅速变成一个超级有机体，本质上与之前不同，所以我想成为这一过程的一部分。

——斯坦福科技创业计划未来节，2015 年 10 月 7 日

1995 年的资金环境

我于 1995 年开始创业，当时还没人在互联网上挣钱。哪怕在硅谷，1995 年我们去找风险投资人的时候，他们只是略微听说过互联网——大多数人根本不用互联网——他们认为，哪怕互联网真的广泛应用起来，也没人能在网上赚钱。然后，网景浏览器上市了，这件事多多少少改变了人们的思维模式——至少是从“斗傻理论”的立场出发：哪怕这些互联网公司赚不到钱，至少在它们上市的时候，有些傻瓜也会愿意一掷千金。

——Web 2.0 峰会，2008 年 11 月 7 日

兹普（Zip2）

我当时没有钱，所以我想，我们必须得做些能迅速获得收益的事。我们觉得，媒体行业把内容从印刷媒体转为电子

媒体的过程中，需要人帮忙，而他们显然有钱。要是能找到方法，帮他们把媒体转移到互联网上，那么这显然是个挣钱的方法。当时，互联网上没有广告收益。这就是兹普的基础。

——在斯坦福大学的演讲，2003 年 10 月 8 日

X.com

我想再开一家互联网公司，因为我觉得兹普还没能充分发挥我们的潜力。我们已经有了精密的软件——至少可以跟雅虎、Excite 或者其他公司的相媲美。其实，我觉得从某些方面来看，我们的软件更好。但因为大公司有众多的合作伙伴，我们的软件无法真正发挥作用。我想对互联网做出更大的贡献。最初的想法是做金融服务，因为钱是数字化的，所占用的带宽较少——那时大部分人用的还是调制解调器。

——计算机历史博物馆变革者演讲，2013 年 1 月 22 日

贝宝的创始阶段

贝宝在 1998 年年末 1999 年年初创立，由两家公司合并形成：我创立的 X.com，还有麦克斯（麦克斯 · 拉夫琴）和彼得（彼得 · 蒂尔）创立的康菲尼迪公司。我们把资源集中起来，一起解决（在线支付的）问题。从我们创立公司，到公司市值达到五亿美元，只花了不到十四个月的时间。现如今，你见识了脸书（Facebook）对照片墙（Instagram）的收购之后，可能会想“你们也没那么厉害嘛”，但在当时，大家的反应都是“这怎么可能”。

——PandoMonthly，2012 年 7 月 12 日

第二章

—

学习方法

最好的老师

我遇到的最好的老师是我们小学的校长。我们的数学老师因为某些原因辞职了，校长就替代那位老师教我们数学，他把教学进度调快了一年。每节课前半段时间，我们像房子着火了一样拼命学，做了很多额外的作业，然后我们就能听他给我们讲他“二战”时当兵的故事了。要是不做作业，就不能听他讲故事。于是，大家都做作业。

——红迪网（Reddit）“尽管向我提问”活动，2015 年 1 月 6 日

批判性思考

你是否掌握了正确的公理，它们是否有意义，你是否会根据这些公理得出正确的结论？这些是批判思考的核心，然而人们经常做不到批判思考，这一点令人诧异。我觉得一厢情愿是与生俱来的，你想让事情如你所愿，所以你倾

向于过滤掉一些本不该被过滤的信息。

——清洁技术产业投融资峰会，2011 年 1 月 19 日

第一性原理

我觉得物理可以为思考提供比较理想的框架，就是推理的基本原则。我想说的是，把一件事剔到只剩核心，然后从这里开始推理，而不是采用类比推理。我们生活中大多时候是在用类比推理，这必然意味着我们会模仿其他人的做法，只是稍加改动。我们必须那么做，不然精神上是撑不下去的。但如果我们想创新，就得使用物理的方法。物理有办法发现违反直觉的事物，比如量子力学，真的很违反直觉。

——TED 演讲，2013 年 2 月 27 日

学习的原因

很多上学的孩子会困惑，他们为什么要上学。如果你能解释清楚“为什么”，那么就会给他们很大的动力，让他们理解上学的目的。

——可汗学院谈话，2013 年 4 月 17 日

如何学习

我真觉得我的脑子要满了！切换背景要消耗很多能量，进程隔离也不如之前好用了。但说实话，我觉得大多数人真正能学的，比他们自以为能学的要多得多。他们还没试试，就妄自菲薄。一点小建议：应当将知识看作一棵“语义树”，你得首先弄懂基本原则——就是树干和最主要的枝条，然后再去研究细节——也就是树叶，否则它们无处可以依附。

——红迪网“尽管向我提问”活动，2015 年 1 月 6 日

学习新知识

我从来没有做过能制造出实体的工作，我与其他人共同创立的兹普和贝宝是互联网软件公司。因此，我花了几年时间学习火箭科学。

——《连线》杂志，2012 年 10 月 21 日

我不得不学如何制造硬件。我之前从来没见过数控机床，也没摆弄过碳纤维。我对这些一窍不通，但如果阅读相关的书、和专家谈谈，就能迅速学会。其实很简单，看书和跟人谈话——尤其是看书——获得信息的效率比听别人讲的效率高多了。

——博鳌亚洲论坛上与比尔·盖茨的对话，

2015 年 3 月 29 日

大学学位的必要性

我同意彼得（彼得·提尔）的观点：其实大学教育往往是多余的。但我不是说对所有人来说都是多余的。前两年你也许就能学完绝大部分大学知识，而且其中大部分还是跟同学学到的。因为你自己可以买教材、读教材，没人拦着你……现在很多公司都想录用有一定学历的人，因为他们需要能坚持到底的人，公司特别看重这一点。全看你的目标是什么。如果目标是创立公司，那么我认为读完大学没意义。对我个人而言，我必须读完，不然我就会被赶出美国。

——西南偏南大会，2013 年 3 月 9 日

忘我地学习

不管是在校内还是校外，创立成功企业所需的一切知识你都能接触到。理论上，学校能够帮你加快学习的进程，

我觉得多数情况的确是这样。可能是一段高效的学习过程，能比从经验中吸取教训更为有效。成功的企业家中，有高中没毕业的，也有取得博士学位的。我认为重要的原则是，不管是通过上学还是通过经验，应该忘我地学习必须知道的知识。

——在斯坦福大学的演讲，2003 年 10 月 8 日

结构式学习

不应该出现这种情况：所有人都步调一致，学英语、数学、科学，从五年级升六年级再到七年级，像是一条流水线。人不是流水线上的产品。流水线这种观念很荒唐。人们学习的节奏不同，感兴趣的事物也不同。应该把年级和学科分离开，每一科都让人有机会全力学习，或者按自己的节奏学习。这一点应该是不言自明的。

——西南偏南大会，2013 年 3 月 9 日

解决问题

我自以为比较擅长找到问题的解决方法，对于我来说一目了然的事，对大多数人好像没那么简单。我真的没怎么太拼。好像我能看见事情的真相，而其他人在这方面不太擅长。

——《早间节目》，2007 年 8 月 9 日

抓住事物的本质

我非常看重事物的真相，也想理解真相。我觉得这么做很重要。要想找出解决方法，那么真相真的特别重要。

——AutoBild.tv，2014 年 11 月 6 日

第三章

——

商业逻辑

创业并不好玩

很多时候人们以为创立公司肯定很好玩，但我觉得不是。真没那么好玩。的确有好玩的时候，但也有一团糟的时候。而且如果你是公司的首席执行官，最终留给你的都是最棘手的问题。把时间花在正常运转的事情上毫无意义，所以你基本上所有的时间都在收拾烂摊子。我觉得你处理起来肯定很不情愿，痛苦阈值也会变得很高。

——可汗学院谈话，2013 年 4 月 17 日

实用的重要性高于钱

（创立公司时）从这个出发点考虑更好：你做出了哪些比较实用的、你希望带给世界的东西，而不是考虑究竟是为了成为企业家还是为了赚钱。

——博鳌亚洲论坛上与比尔 · 盖茨的对话，

2015 年 3 月 29 日

把利润作为动力

如果某一行业的规则已经成形了，那么把利润作为动力是好事。追求利润并没有什么原则性错误，利润只是人们付给你的钱超过了你创造这件事物所花的钱。这是件好事。

——可汗学院谈话，2013 年 4 月 17 日

公司的宗旨

吸引和激励优秀人才的能力对于公司的成败至关重要，因为公司就是一群人聚集在一起，创造产品或者提供服务。这就是公司的宗旨。人们有时会忘记这个基本概念。如果你能吸引优秀人才加入公司、为了一个共同的目标协同合作，并且不懈追求，直到完美，那么你最终会做出优秀的产品。你有了优秀的产品，很多人愿意购买，那么公司就成功了。

——AutoBild.tv，2014 年 11 月 6 日

有竞争力的产品和有竞争力的价格

从根本上说，如果你没有令人信服的产品和令人信服的价格，你就没有一个伟大的公司。

——《公司》杂志，5000 大会，2008 年

每周工作四十小时

每周工作四十小时是造不出革命性的车或者火箭的。就是行不通。向火星移民也不是一周工作四十个小时就可以实现的。

——《时尚》杂志，2015 年 9 月 21 日

创造高效的环境

创造一个能让人渴望来工作的环境是非常重要的。因为如果你爱你现在的工作，努力工作就变得容易多了。

——特斯拉 2016 年度股东大会，2016 年 5 月 31 日

人员配置

一小队非常顶尖的人总会打败一大群中等的人。

——《快速公司》杂志，2005 年 2 月 1 日

面试求职者

我其实只是让他们给我讲讲他们的职业生涯，讲讲他们遇到过的比较棘手的问题，他们是如何处理的，在关键

转折点是如何做出决定的。一般来说，这就够我对求职者做出直觉上的判断了，我需要看他们有没有杰出的才能。他们所面对的问题真的是难题吗？他们是否解决了问题？通常，真正跟问题斗争过的人，才会真正理解问题。要是问题非常难的话，他们是不会忘的。无论你问得多细，他们都答得上来，而没有真的解决过的人不会知道细节。

——AutoBild.tv，2014 年 11 月 6 日

善良很重要

总的来说，我犯的最大错误是，我太过看重一个人的才华，而不够重视他们的人品，我在努力改正这个错误。一个人是否善良，这一点其实很重要，真的很重要。我错以为有聪明的头脑就够了。

——西南偏南大会，2013 年 3 月 9 日

“特种部队”的射击方式

我想强调一下我从公司的创立阶段学到的哲学，是一种特种部队式的方法。最低的及格线是优秀。我相信，创业公司要想最终做大做强，就必须这样。我们或多或少都会遵循这一点，但我们总有一些时候会偏离。这并不是说被这一标准刷掉的人有多不好，而只是特种部队和常规部队的区别。如果你想挺过恶劣的环境，让公司最终闻名于世，那公司里一定要有许多有才华的人，而且他们还要非常投入。

——Web 2.0 峰会，2008 年 11 月 7 日

选择首席执行官

要选出一位能够让公司发展壮大的首席执行官非常困难。让公司平稳发展比把公司发展壮大简单多了。

——AutoBild.tv，2014 年 11 月 6 日

首席执行官和技术

我是（SpaceX的）总工程师和首席设计师，也是首席执行官，所以我不必对那些管钱的人让步。我遇到过不懂技术细节的首席执行官，我觉得这很荒唐。

——《史密森尼》杂志，2012年12月

你是好老板吗?

我会尽量做个好老板——但并不是每时每刻。

——世界汽车业新闻大会，2015年1月13日

竞争对手

我们不会太关注竞争对手在做什么，因为我觉得应该

把精力放在做出尽可能完美的产品上。类似于赛跑的道理：别管其他选手在干什么，只管跑。

——“启动”（Startmeup）香港创业论坛，2016 年 1 月 26 日

鼓励创新

要鼓励创新，薪酬结构必须反映这一点。失败也是可以容忍的，尝试新的东西难免失败。要是你因为失败而太过严厉地惩罚人，那么他们也会做出相应的反应，你们只能一点点地进步。大家都因为害怕被炒或是惩罚而不敢大胆尝试。必须平衡好冒险和奖励之间的关系，促进员工大胆冒险。不然，就不会有创新。

——离岸北海大会，2014 年 8 月

成功没有地图，（创新）就是未知的，你会做出错误的决策。这也是意料之中的。

——博鳌亚洲论坛上与比尔·盖茨的对话，2015 年 3 月 29 日

实习生

实习生很棒，因为他们不知道什么是不可能的。

——特斯拉 2016 年度股东大会，2016 年 5 月 31 日

SpaceX 的工商管理硕士

比起所谓拥有管理能力的人，我更愿意提拔工程能力强的人。我们也会录用工商管理硕士（MBA），但一般是因为其他的东西，而不是因为他的 MBA 学位。

——麻省理工学院航空航天系百年纪念座谈会，2014 年 10 月 24 日

职业经理人存在的问题

风险投资人或者职业经理人肯定不会成大事。他们的动力很足，但他们没有创造力或洞察力。有些人有，但绝大多数都没有。

——《公司》杂志，2007 年 12 月 1 日

流程的陷阱

我不相信流程。其实，我在面试未来的雇员时，如果他说“流程最重要”，那我觉得这是个坏兆头。问题在于，在许多大企业中，流程代替了思考。大家希望你能够像复杂机器中的一颗小齿轮一样工作。坦白讲，这么做会让你留下那些没那么聪明、没那么有创造力的人。

——《连线》杂志，2012 年 10 月 21 日

越级会议

一家公司在规模还很小的时候，因为劳动分工，生产力增长会很快。然后，公司规模扩大，沟通变得繁复，个人生产力下降。沟通要穿越的层级不断增多，必然会产生误解。信息的每次传递都会有所损失，哪怕传达的人尽心尽力。你可以召开越级会议来缓解这个问题，我觉得这是个好主意。

——爱迪生电气协会年会，2015 年 6 月 8 日

开会哲学

开会的基本规则是，只有在会上接受或提供非常重要的信息的人才需要出席。我们还有一条规则：如果开会时发现这次会议对自己没有积极意义，或者自己对这次会议也没有贡献，那么就应该直接离开。

——爱迪生电气协会年会，2015 年 6 月 8 日

征求反馈意见

要一直征求批判性的反馈意见，尤其是朋友的反馈意见。因为一般情况下大家都在心里想，但不会主动告诉你。

——西南偏南大会，2013 年 3 月 9 日

为什么公司会失败

（人们）有时候采取的策略不一定会成功——的确偶尔会不成功。但就算明摆着不能成功，人们也不会改变策略，这很令人惊奇。如果他们公司是搞技术方面的，他们无法吸引到足够的技术人才。又或者他们还没形成正向的现金流，就已经耗光了资金。上面这些情况都经常发生。

——《智族》杂志（*GQ*），2015 年 12 月 12 日

面对失败

我当然输过很多战役。到目前为止，我还没输过一场大的战争，但我输过很多战役，我可能都数不过来了。

——《财新时间》，2014 年 4 月 22 日

2008 年，两家公司都曾经面临失败。SpaceX 火箭失败过三次。我们经历过经济衰退，（2007—2008 年的）经济大萧条。特斯拉的融资计划没了希望，如果通用和克莱斯勒都面临破产，刚刚创立的汽车公司当然很难募集资金。幸运的是，2008 年年末第四次火箭发射，也是当时资金能支撑的最后一次火箭发射，为 SapceX 带来了希望。我们在 2008 年的平安夜完成了特斯拉的融资，刚好赶在了最后一刻。

——斯坦福科技创业计划未来节，2015 年 10 月 7 日

硅谷的失败

失败的方式比成功多得多。尤其是对于火箭，它有一千种失败的方式，但只有一条路通向成功。你可能会经历许多次失败，探清楚所有失败的可能性。但我觉得硅谷非常棒的一点是，失败在这里不是什么奇耻大辱。如果你非常努力但没有成果，也没关系。你可以从中吸取教训，再开一家公司，没什么大不了的。

——斯坦福科技创业计划未来节，2015 年 10 月 7 日

成功的关键

从一个地方开始做，然后准备好质疑你的设想，纠正做错的地方，不断调整以适应现实。

——《名利场》新成就峰会，2015 年 10 月

第四章

创新法则

发展创新

重要的是创造一个鼓励创新的环境，还要让创新像达尔文的进化论那样进化。你不可能高高在上地凭直觉选择一项技术，决定它一定会胜出，因为它可能不会成功。你真的应该让它们自己进化。

——博鳌亚洲论坛上与比尔·盖茨的对话，

2015 年 3 月 29 日

新对手的重要性

在某些行业，比如汽车、太阳能和航空领域，是见不到新对手的。流向新成立公司的资本不多，打算投身这些领域的企业家也不多。问题在于，如果某个行业缺少新对手，就没有创新的驱动力。新对手驱动创新的能力超过其他一切因素。所以我把精力投入这些领域之中，而这些领域需要很多资本来维持运转。

——PandoMonthly，2012 年 7 月 12 日

创新的现状

现在有很多领域正在创新。可能在互联网领域，有才华的企业家太多了，我觉得他们如果把才华用在其他行业会更好。但我认为，现阶段并不是创新的低谷期。

——代码（Code）大会，2016 年 6 月 1 日

政府和创新

我觉得政府不是想故意阻碍创新，但政府有时会过度管控企业，使创新变得非常困难。20 世纪初，汽车行业曾是创新最理想的温床，但现在规章制度太多了。

——计算机历史博物馆变革者演讲，2013 年 1 月 22 日

颠覆性的改变

我真的觉得，你要好好考虑一下，正在做的事是否会引起颠覆性的改变。如果只是小修小补性质的创新，那么它很可能不会有大影响。你在做的事必须要有根本上的改进。

——西南偏南大会，2013 年 3 月 9 日

发挥效用

我觉得不是每件事物都一定要改变世界，问自己："我有没有最大限度地发挥这件事物的效用？"

——斯坦福科技创业计划未来节，2015 年 10 月 7 日

不管你想创造的东西是什么，与现在最尖端的技术相比，它的效用增量乘以能够影响的人数，结果是什么？所

以我认为，创造出能够给少部分人带来很大不同的东西很伟大，创造出能够给大部分人带来些许不同的东西一样很伟大。

——创业投资加速器（Y Combinator）“如何创立未来”系列，2016 年 9 月 15 日

互联网

我们今天所拥有的最了不起的事物是互联网，它让我们能够从任何地方获取全世界的信息。口袋里揣着超级计算机，这种事连《回到未来》都不敢预言。

——斯坦福科技创业计划未来节，2015 年 10 月 7 日

人工智能加速器

我觉得二十年后人工智能会变得极其复杂，它的发展速度似乎在不断加快。指数型增长是很难预测的，因为短期来看，指数曲线很像一根直线。但其实不是。就我看来，人工智能应该是在快速发展的。

——斯坦福科技创业计划未来节，2015 年 10 月 7 日

开放式人工智能

我觉得风险不在于人工智能会马上自我进化，我担心的是有人可能会用它做坏事。就算他们不用人工智能做坏事，别人也可能会把技术夺走，然后做坏事。我觉得这是很大的威胁。我们必须使人工智能技术民主化，让它可以广泛使用，所以（我们）才创立了 OpenAI。

——创业投资加速器“如何创立未来”系列，2016 年 9 月 15 日

阿克顿勋爵提出了“权力导致腐败，绝对的权力导致绝对的腐败”。我很喜欢他的一句话：“自由包括权力的分配和专制的集中化。”我认为，重要的是人工智能这极大的权力不能集中在极个别人手中。

——代码大会，2016 年 6 月 1 日

神经织网技术

我认为解决神级人工智能威胁的最佳方法之一就是准备一个人工智能层。设想一下，你的大脑边缘系统、脑皮层再加一层数码层，有点类似于脑皮层上面的第三层，能够与你契合共生。就像你的脑皮层与你的大脑边缘系统共生一样，数码皮层也和你的其他器官共生。

——代码大会，2016 年 6 月 1 日

人类想做到与机器共生，创造神经系带至关重要。

——推特，2016 年 6 月 4 日

成为半机械人

我们已经是半机械人了。有个数码版的你或者你的一部分，在网络上以电子邮件、社交媒体或者其他你做的一切的形式存在。你有了计算机和手机或者其他设备，就有了超能力，你的权力比二十年前美国总统的权力还大。什么问题你都答得上来，你可以跟任何地方的任何人开视频会议，可以即时给百万人发消息，可以做不可思议的事。

——代码大会，2016 年 6 月 1 日

电动运输

我认为所有交通方式都会变成纯电力驱动的，有个讽刺的例外是火箭。牛顿第三定律真的没法变通。

——TED 演讲，2013 年 2 月 27 日

改进电池技术

我真的认为，电池是最难攻克的技术问题之一，因为开发一款实用的电池困难重重。那么多聪明绝顶的人绞尽脑汁想改进电池，结果平均下来，每年在储能密度和控制成本上的进步只有 5% 到 8%。

——美国地球物理学会秋季会议，2015 年 12 月 15 日

如果有谁自称在电池技术方面有了突破，请马上给我们（特斯拉）寄一份样品电池。别给我们寄 PPT，寄一块

电池外加注意事项就行。这样最好，能解决构想和产品不一样的问题了。动动嘴皮实在太简单了。电池行业比其他行业的废话都多，简直疯了。

——特斯拉 2014 年第三季度财报会，2014 年 11 月 5 日

自动驾驶

事实是自动驾驶系统的车技强过人类几个量级。自动驾驶系统的每英里[①]事故数要低得多。从技术角度看，我觉得距离实现全自动驾驶还有大约三年。

——《智族》杂志，2015 年 12 月 12 日

从长远来看，买一辆非自动驾驶的车就像买一匹马——你的购买和使用行为，都是出于情感因素而非为了日常代步。

——英国广播公司（BBC），2016 年 1 月 11 日

① 1 英里≈ 1.609 千米。

超音速电动喷气式飞机

将来，我想研究能垂直起降的超音速电力喷气式飞机，我会充分利用在 SpaceX 和特斯拉积累的经验，使它成真。

——航空界传奇颁奖晚宴，2010 年 1 月 22 日

飞行汽车

飞行汽车听起来很酷，但它们会带起很多风，而且噪声很大，被东西砸头的概率也会高得多。

——“启动”香港创业论坛，2016 年 1 月 26 日

超环路

你想不想造一列永远不出车祸、不受天气影响、比子

弹列车快三四倍的火车？它的运行速度可达飞机的两倍，从洛杉矶市中心到旧金山市中心只要不到三十分钟。而且它的票价比其他交通方式都便宜得多，因为基本的能源成本要低得多。我甚至觉得它可以自我供电。

——PandoMonthly，2012 年 7 月 12 日

我曾经夸下海口，说有个想法能成真，结果并没有成功。迭代很多次后，这个想法能从物理层面说通了，我就发表了篇论文，然后说，“要是有人想做这个的话，好，随便做”。因为我忙着做特斯拉和 SpaceX 的事。

——代码大会，2016 年 6 月 1 日

隧 道

城市最根本的问题在于，我们构建的是三维城市，有很多高楼大厦，每层楼都有很多人。可道路却是二维的，

这样显然行不通，交通肯定会极其拥堵。但如果建了隧道，交通就变成三维的了。你可以建许多条十字相交的隧道，两两之间可能有几米的垂直距离，这样就能根除交通拥堵的问题了。

——“启动”香港创业论坛，2016 年 1 月 26 日

虚假的太空事业

有两件事我觉得很假：一件是太空采矿，另一件是太空太阳能。算一下，把太空中的光子或者矿石原料运回地球，成本有多少，你就会发现根本划不来。

——在斯坦福大学的演讲，2003 年 10 月 8 日

太空企业家

如果 SpaceX 和其他公司能够降低（将火箭）送入轨道乃至更远地带的成本，那么太空就有了巨大的商业潜力。你可以联想一下联合太平洋铁路。之前，西岸和东岸要进行交易很难，得坐马车或者轮船走很久，但一旦交通便捷了，机会就变多了。

——国际空间站研发会议，2015 年 7 月 7 日

轨道同步

你只能两年去一次火星，因为地球和火星的轨道同步大约两年才出现一次。但我觉得文明这样发展会很有意思。人们见面时会互相问："你是在哪次轨道同步时到这里的？"

——《时尚》杂志，2015 年 9 月 21 日

星际人类的代价

我觉得一开始，去火星的旅程会非常危险。死亡率很高——这无法避免。我建议不要送孩子去，因为实际情况相当于问他们：“你准备好赴死了吗？准备好了就去吧。”

——国际宇航大会，2016 年 9 月 27 日

模拟现实

希望我们存在的目的不是将超级数字化智能带到世界上。遗憾的是，这种可能性在不断增大。

——推特，2014 年 8 月 3 日

科技的损失

许多人不喜欢的一点是，科技不会自动进步。只有当某个特定的问题上集中了许多天才工程师的心血时，科技才会进步。历史上有许多先例，某个文明的科技达到一定水平以后，就会衰退到远不及先前的水平，然后只要一千年就能恢复。

——国际宇航大会，2016 年 9 月 27 日

第五章

特斯拉

远大计划

造跑车；

用跑车赚的钱造出经济适用车；

用上一辆车赚的钱造出更便宜的车。

在努力实现以上几项目标的同时，研发零排放的电力驱动车供人们选择。

别告诉任何人。

——《特斯拉汽车公司秘密总体规划（你知我知别告诉别人）》，2006 年 8 月 2 日

特斯拉的起源

我当时真不想兼任两家公司的首席执行官，其实我也在绞尽脑汁地避免这样。我告诉 AC Propulsion 公司（一家电动汽车公司），“你们要是不做这个（研发高端电动汽

车），我就自己开一家公司来做”。他们说：“其实还有其他人对它感兴趣，你们应该联合起来创立公司。”特斯拉就是这样创立的。

——计算机历史博物馆变革者演讲，2013 年 1 月 22 日

挣钱不是动力

我们的目标不是打造一个知名品牌，也不是和本田思域竞争。应该说，（目标是）促进电力驱动交通工具的发展进步。我们要一直生产电动汽车，同时让价格下降，直到整个（汽车）行业都采用电力驱动的方案。

——可汗学院谈话，2013 年 4 月 17 日

我们认为，尽早完成向可持续交通工具的转变，真的会给世界带来很大改变。我们这么做不是因为觉得能赚很多钱。

——世界汽车业新闻大会，2015 年 1 月 13 日

特斯拉的动力是，使得电动交通变得尽可能便宜。这一点影响着我们的一切行动。如果我们发售了一件商品，在很多地方都要收钱，不是因为我们想把它变得更贵，而是因为我们想不出怎么让它更便宜了。

——特斯拉 2016 年度股东大会，2016 年 5 月 31 日

犯错

特斯拉刚起步的时候，我们犯了很多错，导致 2007 年时我们不得不对公司进行全面资产重组。当时几乎每个决定都是错的。

——巴伦（Baron）投资会议，2015 年 11 月 6 日

我们做出的种种决定反映出，我们真的是在尽力做正确的事。我们真的很在乎这一点。犯错是因为我们当时很傻、很蠢，虽然犯错，但动机总是对的。我们只说自己坚

信的东西，哪怕有时候是妄想。

——特斯拉 2016 年度股东大会，2016 年 5 月 31 日

史上最差的演示

我还记得，早先邀请拉里·佩奇和谢尔盖·布林体验电动汽车，我跟他们二位是老相识了。结果系统出了一些问题，真倒霉，车速只能达到每小时十英里（约为 16.093 千米）。我说："我发誓，两位，这车真的比这快多了。"但他们人很好，还是给公司投了点钱，哪怕经历了史上最差的演示。

——特斯拉 2016 年度股东大会，2016 年 5 月 31 日

特斯拉首次公开募股

特斯拉首次公开募股，募集资金达22,610万美元，评论家认为这个数字虚高。

是谁在首次公开募股中投资？是市场上最聪明的、有长远眼光的投资者们。这群投资者真的很棒。我觉得大家需要注意，世界上最聪明的投资者都把钱押在特斯拉这儿。他们这样做肯定是有理由的。

——彭博社，2010年6月29日

投资者和意识形态

我们出席公共活动时，我说："看，特斯拉有着强烈的意识形态层面的动力。要是投资者不认可的话，就不应该投资。"所以他们从一开始就知道，我一直都说得很清楚。但只要我们做的产品好，我觉得特斯拉就没问题。不过，

“没问题”只能是因为我们的产品好，而不是顾客出于别的原因而做出的妥协。

——*Dagbladet Børsen*（丹麦财经报纸），2015 年 9 月 23 日

股 价

无论我发推特或是公开宣布什么，都跟股价无关。我担心的是，顾客会产生误解。对于特斯拉的长期投资者来说，短期的变动不重要。我们会通知特斯拉的长期投资者我们有何行动。他们才是我们真正在乎的人。对于一两天就退出的投机者，我们对他们的感受和他们对我们的感受是一样的——不在乎。

——世界汽车业新闻大会，2015 年 1 月 13 日

救助特斯拉

很多人觉得当时救助特斯拉的是联邦政府，其实不是这样的。救助特斯拉的是戴姆勒，不是政府。

——特斯拉 2016 年度股东大会，2016 年 5 月 31 日

陈述事实

没经历过破产的美国汽车公司有且仅有两家：福特和特斯拉。

——特斯拉 2016 年度股东大会，2016 年 5 月 31 日

别抄近路

创办一家新的汽车公司极其艰难，而且充满了风险，

但我们不会为了省钱而做不应该做的事情，导致错误的事情发生。

——《对〈水星报〉题为〈特斯拉不断扩张的工厂背后的劳动力〉文章的回应》，2016 年 5 月 16 日

建立信任

我们相信做生意要力求双赢，当我方出现不对等或是投入不够的情况时，要首先为对方的利益着想……我们的目标是建立长期信任。如果人们知道我们不会占他们便宜，而且渴望公平，即使眼前我们会吃亏，将来他们也会更愿意和我们合作。

——《庄家永远是赢家》，2014 年 11 月 21 日

不搞“车型年”

我们有不断追求进步的理念，每周都会对车进行约二十处工程上的改动。其他制造厂家倾向于将所有改动都集中于一个车型年里。我们的情况是，改变一直在发生，所以搞车型年意义不大。

——特斯拉 2015 年第三季度财报会，2015 年 11 月 3 日

八年不限里程的保修

电力发动机里运动的部件要少得多，而且没有燃料残留，也没有会黏住部件的燃烧副产物。如果我们真心相信电力发动机比汽油发动机更可靠，那么我们的保修政策应该反映出这一点。

——《不限里程的保修》，2014 年 8 月 15 日

收购弗里蒙特工厂

2010年，特斯拉从丰田手中收购了一家位于美国加利福尼亚州的弗里蒙特工厂，该工厂面积550万平方英尺（约51万平方米）。

特斯拉当时规模特别小。想象一下，你们只是个小团体，有人说有艘巨大的外星无畏舰，只需要花一点点钱就能买下，你不知道该如何操作，但你马上就会想："控制杆在哪儿？这玩意怎么用？"

——巴伦投资会议，2015年11月6日

火灾风险

油箱里汽油燃烧释放的能量比我们的电池组高十倍。此外，Model S的16个电池模组之间内置了防火墙，电池组与车舱之间也有一道防火墙，所以我们有效地将热能减少至使用普通汽车的百分之几。因此，柴山医生才能在起火（起火原因是与拖车高速撞击）后，毫发无损地从储物箱里取回笔和纸。所以很多纵火犯才愿意使用汽油。用电池组放火效率太低了。

——《特斯拉的使命》，2013 年 11 月 18 日

续航里程的透明度

在特斯拉，我们为我们与客户之间的透明度而骄傲，在续航里程方面，这种透明度尤为重要。任何汽车或者电池都不会有固定、唯一的续航里程。事实是，驾驶的方法以及外界因素（比如风速和高程变化）都会影响续航里程。提供这些信息的目的在于，让驾驶员或顾客能够全面了解影响续航里程的因素，能够更好地估计并控制结果。

——《Model S 的效率和续航里程》，2012 年 5 月 9 日

不盈利

有一件事很重要，也一直被人们忽视，就是：如果特斯拉仅仅制造跑车，开发动力系统，那我们这家公司是可以盈利的。然而我们在迅速扩张——两到三年的时间里体量扩张三十倍。在这么快的扩张速度下，整个公司都盈利是不可能的。这就是不盈利的原因，不是因为特斯拉有什么固有的缺陷。

——彭博社，2010 年 6 月 29 日

交货与需求

我们的交货数量其实很难解读，因为我们的汽车是一批一批生产的。比如我们有三周时间生产亚洲的订单，然后是欧洲的，之后是美国的。然后我们会成批地交付这些汽车。所以，有人发现两个月的交货量有很大区别，就以

为顾客对车的兴趣有了很大的变化，其实那只是出厂时间不同而已。

——世界汽车业新闻大会，2015 年 1 月 13 日

供应链的倒霉事

交付时间是由最倒霉、能力最差的供应商决定的。你能想到的自然灾害，我们的供应商都遭遇过。工厂被火焚毁、地震、海啸、冰雹、龙卷风、沉船，墨西哥边境还发生过枪战……不是开玩笑，车后备厢的铺毯因为这个延迟交付了。

——代码大会，2016 年 6 月 1 日

关于高离职率的指控

《华尔街日报》最近发表了一篇文章，暗示特斯拉在流失人才。

世界上有没有一家企业从未流失过人才？当然没有，每家公司都有人离职。重要的是，这家公司的管理层和核心人员能待多久？是长期驻守公司，还是有很多人跳槽？我们的跳槽率低于而非高于业界均值。所以那篇文章很荒谬。他们以特斯拉法律总顾问为例，说特斯拉在一年时间内雇用了三位法律总顾问。听起来好像很多，但只要一年内有管理层变动，法律总顾问就会换两位。

——世界汽车业新闻大会，2015 年 1 月 13 日

安全性

设计 Model S 和 Model X 的时候，安全绝对是我们的首

要目标。我心里会这么想，我家人会乘坐我们的车、我朋友的家人也会——如果我不尽全力做到安全，反而出了岔子，那我肯定会内疚的。

——巴伦投资会议，2015 年 11 月 6 日

驾驶员的责任

我们会跟顾客说清楚，责任依然在驾驶员。我们不是说，驾驶员不注意的时候，车也可以安全行驶。在未来，比如五六年后，这是有可能变为现实的。我觉得，我们能够实现真正的无人驾驶：坐上车，睡一觉，醒来时发现已经到达目的地。但要做到这一点，就必须有全套的冗余系统。每一套系统都必须有冗余，这样即使某一部分崩溃也不会导致车祸。还需要用几百万英里的驾驶实验来证明这一点。

——彭博社，2014 年 10 月 10 日

现今的部分自动驾驶

我应该补充一条，解释一下为什么特斯拉选择现在研发部分自动驾驶，而不是再等一段时间。最重要的理由是，如果使用得当，部分自动驾驶功能的安全性已经远远超过人类驾驶员。因此如果公司因为担心负面报道，或担心因为法律原因影响商业利益而延迟发布，是该受到道德谴责的。

——《远大计划：第二部》，2016 年 7 月 20 日

自动驾驶与手动驾驶

特斯拉支持自动驾驶，但我们也不反对手动驾驶。我相信人们应该有选择的自由，做他们想做的。没错，人们想做的事有时会很危险，但自由很重要。如果人们想开车，哪怕很危险，他们也应该有权利开。

——特斯拉 2016 年第一季度财报会，2016 年 5 月 4 日

超过截止日期

我的确有不准时的问题。

——世界汽车业新闻大会，2015 年 1 月 13 日

只要是从我嘴里说出来的时间安排，我都认为是真的。如果我不认为是真的就不会说出来。它可能只存在于我的想法中，完全有可能，而且这种情况经常发生。但我绝对会把这个时间安排当真。

——代码大会，2016 年 6 月 1 日

设定截止日期

我想强调的是，我们其实并不能在 7 月 1 日准时交付。这个日期是不可能的。然而我们用这个日期来约束自己，同时也约束供应商。但这个日期不可能交付，因为 Model 3

有六七千个不同的部件，只有所有部件都按时交付（我们才能在 7 月 1 日交付）。就像大学交期末论文，总会有人晚交，但你还是得定一个截止日期，而且必须是有效的，如果没按时交，就会有一系列后果。

——特斯拉 2016 年第一季度财报会，2016 年 5 月 4 日

使　命

我们今天的目标和十年前创立特斯拉时是一样的：尽快将大批电动汽车投入市场，加速向可持续交通工具的转化。这个目标是没法用一代产品实现的。对于一家刚刚起步、从未造过一辆车、只有一次技术迭代、没有形成规模经济效益的公司来说，这是不可能的。我们第一批产品不管是什么样子，都会很贵，所以我们决定造跑车，因为电动跑车跟传统跑车比应该更有竞争力一些。

——《特斯拉的使命》，2013 年 11 月 18 日

低量，高价（Roadster）

Roadster（特斯拉的跑车）的独一无二之处在于，它是第一辆非常棒的电动汽车。这款车出现之前，人们以为电动汽车又慢又丑，续航能力差，而且性能不好。我们打破了人们这种思维定式，并向世人展示出电动汽车的众多优点，这一点非常重要。

——Model 3 揭幕仪式，2016 年 3 月 31 日

中量，稍低价（Model S）

所有评论团体都把它（Model S）评为该年度最佳车型，《消费者报告》更是把它评为有史以来最佳车型。其原因在于，它不仅要成为最好的车，还要向世人展示电动汽车的可能性——因为没人相信电动汽车可以这么棒。

——Model 3 揭幕仪式，2016 年 3 月 31 日

中量，稍低价（Model X）

Model 3 的研发经费来自 Model X 和 Model S 获得的收益，研发花了数十亿美元。Model S 和 Model X 是为 Model 3 的研发铺路的。

——Model 3 揭幕仪式，2016 年 3 月 31 日

大量，可承受的价格（Model 3）

我想强调的是，就算你不升级配置，这依然是一辆非常优秀的车。在 35000 美元这个价位，买不到更好的车了，哪怕不买高配。

——Model 3 揭幕仪式，2016 年 3 月 31 日

预订 Model 3

两周时间内，Model 3 预订数达到了近四十万辆。

这真是让人惊讶。我们没有打广告，也没有进行地推之类的。我们就只是说要进行网络直播，当时，只有大概一千名观众。我们真的很震惊。但我认为如果产品能和顾客产生共鸣，它就会被口口相传，像野火一样扩散开来。

——代码大会，2016 年 6 月 1 日

特斯拉能源

今天，特斯拉要推出特斯拉能源，一组可家用、办公用或供公共设施用的电池，以推行清洁能源生态系统，让世界弃用化石燃料。特斯拉不只是一家汽车公司，它也是一家能源创新公司。特斯拉能源是走向零排放发电的关键一步。

——特斯拉能源新闻宣传资料，2015 年 4 月 30 日

下一代特斯拉固定蓄电池

我可以拍着胸脯说，下一代固定蓄电池的重要性，远远超过其他任何公司公布的任何规划。现在我们只需要把这东西做出来。

——特斯拉 2016 年第二季度财报会，2016 年 8 月 3 日

超级电池工厂

在超级电池工厂，我们整合了电池生产流程，从原材料一直到成品。所以，公司里真的会有从矿井出来的矿车，也有完整的电池成品。这是史无前例的，至少在电池生产领域是这样的。我们在这个过程中想实现的是大大降低电池组的成本，因为现在，原材料——矿井开采出的小颗粒要先环游世界三次（才能转化为真的电池）。真的很疯狂。

——巴伦投资会议，2015 年 11 月 6 日

特斯拉的使命是加快向可持续能源转变这一过程。我觉得我们这么做非常重要。这对于世界有重大意义，何时能实现也有着深远影响，是否能大规模应用也有着深远影响。超级电池工厂就是为此而存在的。能够造出足够多的电动汽车、足够多的固定式蓄电池，能够真正减少全球的碳排放——真正改变了世界。必须是大动作，因为这世界很大。

——在超级电池工厂投产仪式上的发言，

2016 年 7 月 29 日

锂离子电池

锂只占电池重量的百分之二，它就好像沙拉里的盐。无论是重量还是成本，它都只占很少的一部分。因为它叫“锂离子”，所以大家都以为锂会占很大比例。但我们的电池应该叫“镍石墨”，因为大部分是镍和石墨。

——代码大会，2016 年 6 月 1 日

回收电池

特斯拉的所有电池组一般都会进行回收，北美、欧洲和亚洲有回收中心。其实这样做是有道理的，你可以把电池组看作高质量的矿石。“开采”电池组比开采岩层强太多了。

——美国地球物理学会秋季会议，2015 年 12 月 15 日

特斯拉手表

你再也不必为了查看消息而无礼地掏出手机低头看了，现在，你可以礼貌地盯着手腕上的一小块屏幕，而没人会

察觉到。这不是想跟其他公司的产品竞争。

——特斯拉 Model W 发布会，2015 年 4 月 1 日

苹果公司

我可不恨苹果公司。这是一家伟大的公司，有很多才华横溢的人才。我爱他们的产品，我很高兴他们要开发电动汽车。

——推特，2015 年 10 月 9 日

生物武器防御模式

当车辆发挥最大性能行驶时，我们没有检测到任何病毒、细菌或孢子，就像完全隔离了。所以假设碰到了世界末日之类的，你只需要按下“生物武器防御模式”按

钮——这按钮是真的。我们正努力走在应对世界末日的队伍前头。

——Model X 揭幕仪式，2015 年 9 月 29 日

滑稽模式

它快得离谱，外加我喜欢《太空炮弹》这部电影，所以我们给它起名叫“滑稽模式”。我觉得挺有趣的，虽然可能不是所有人都这么想。这很好记，我觉得“滑稽模式”比“0 到每小时 60 千米 2.8 秒”更好记一点。我们的对手一般没有幽默感，我觉得幽默感是一个区分因素。

——《智族》杂志，2015 年 12 月 12 日

开源专利

特斯拉汽车公司是为了加快实现世界向可持续交通的转化而创立的，如果我们探索出了制造有竞争力的电动汽车的方法，却为了阻止其他公司，用知识产权在身后埋下地雷，这就跟我们的初心南辕北辙了。对于出自好意使用我们技术的人，特斯拉不会提起专利诉讼。

——《我们所有专利都属于你们》，2014 年 6 月 12 日

技术领导权并非由专利决定，公司吸引、激励最有才华的工程师的能力才最重要。历史一遍遍证明，专利只是为了抵御坚定的竞争对手而设置的一个小小的保护措施。

——《我们所有专利都属于你们》，2014 年 6 月 12 日

零排放指标

“零指标”的出现，是因为汽油车大行其道，排放毒气，危害人的健康。零指标就是从这儿而来。制造商可以通过生产零排放车辆获取零指标，又是公平的竞争环境。如果我们能够出售零排放指标，那也只是因为其他制造商不愿生产零排放车辆。这不是给特斯拉的特殊照顾，特斯拉出现之前它就已经存在几十年了。对那些（不愿生产环保车辆的）公司，我想说：“你们何不生产零排放车辆呢？”

——世界汽车业新闻大会，2015 年 1 月 13 日

销售门店地址

我们的门店希望让信息沟通和互动都变得舒适愉悦。不同于传统的汽车经销门店，其仓库里有几百辆车，有按

销售提成的店员——他们的任务就是推销。我们的技术很特别，我们的车很特别，所以我们也有意把门店打造得很特别。

——《特斯拉车辆销售之道、售后之道》，

2012 年 10 月 22 日

销售之道

（我们的店员）并不按销售提成，他们不会逼着你买车。他们的目标以及成功的唯一标准就是让你享受来店里逛的过程，让你想再来。

——《特斯拉车辆销售之道、售后之道》，

2012 年 10 月 22 日

售后之道

体验售后最好的方法当然是不用体验售后。

——《打造世界上最好的售后和保修程序》，2013 年 4 月 26 日

我在特斯拉立了一条规矩：永远不可以把售后当成能创造利润的部门。公司想在顾客的产品出问题时挣钱，我觉得这样不对。

——《致新泽西民众》，2014 年 3 月 14 日

汽车经销商的陷阱

现在的特许经销商有一个最基本的利益冲突，这冲突源于汽油车的销售——他们业务的主体和采用新技术的电动汽车的销售。让他们解释做电动汽车的好处，又不会损

害传统业务，对他们来说是不可能的。这会影响到电动汽车公平竞争的机会，让不熟悉它的人难以理解它。

——《特斯拉车辆销售之道、售后之道》，2012 年 10 月 22 日

与汽车经销商的合作

有些汽车经销商一直都在诋毁特斯拉。我们显然不会和他们合作。我把话说清楚，要是你像个浑蛋一样对待我们，我们之后是不会和你们合作的，要是合作才真是疯了。

——世界汽车业新闻大会，2015 年 1 月 13 日

注意力

有一点很重要，特斯拉始终专注于加速向可持续交通

工具和可持续能源的转变。我们本能够做出很多优秀的传统商品，但如果把精力放在做传统商品上，我们就有可能什么都做不成。我们必须始终把注意力放在基本商品上，也就是我们想实现的最主要的目标。一旦我们渡过了这道难关，尤其是如果我们有了大众市场，有了大众能买得起的电动汽车，那么我们就可以开始尝试做其他东西了。但我们目前确实需要专注于那一个目标。

——特斯拉 2015 年度股东大会，2015 年 6 月 9 日

到 2020 年制造一百万辆车

这是我最乐观的预期。如果我们 2018 年能造出 50 万辆，而且能有 50% 左右的增长率，那么到 2020 年应该能达到约一百万辆。我觉得其实可行性很高——也许不算可取——仅凭弗里蒙特工厂和超级电池工厂就可以做到。我们相信弗里蒙特工厂和超级电池工厂可以承担生产一百万

辆车的负荷，至于这么做是否可取，就是另一个问题了。在比较小的地方生产比较明智，至少是在同一个洲。否则，物流成本会极其高昂。

——特斯拉 2016 年第一季度财报会，2016 年 5 月 4 日

第六章

可持续能源

地球科学

人们对地球科学，哪怕是像碳循环这样很简单的知识，都知之甚少，这一点真的令人惊奇。我曾经和一些聪明博学的人交谈过，但他们不懂地表碳循环。如果你从地下深处挖出东西，加到地表碳循环中，就会从根本上改变地球表面的化学平衡。他们还会问："真的吗？"

——美国地球物理学会秋季会议，2015 年 12 月 15 日

气候变化

问题不在于"你能否证明是我们使地球变暖？"，而在于"你能证明不是因为我们吗？"。答案是不能。

——《史密森尼》杂志，2012 年 12 月

应该用健康的怀疑精神看待普遍事物，站在科学的角

度，一定要用概率而不是确定的眼光看待事物。很多时候，如果有人自称是科学界的怀疑论者，他们真正想表达的是，自己并非百分之百确定事实如此。但这不是重点。重点在于从另一边看，说：“你觉得全球变暖成为世界上大多数人的灾难的概率有多少？大于百分之一吗？等于百分之一？如果是等于百分之一，那么我们为什么要做这个实验？”我们是在（跟大气层）玩俄罗斯轮盘赌[①]，年复一年，我们往枪膛里上了更多的子弹。

——计算机历史博物馆变革者演讲，2013 年 1 月 22 日

马斯克不讨厌碳氢化合物

我不是打心底讨厌碳氢化合物，我只是看向未来，说

① 此处的俄罗斯轮盘赌是一种搏命的游戏，参与的玩家将子弹装进左轮手枪的弹膛中，用力旋转弹膛，在弹膛合上的一瞬间向自己的头开枪。很显然，玩这个游戏输了就没命啦！——译者注

“将来什么能源才真正能行？”，用不可再生的能源显然是不行的。

——离岸北海大会，2014 年 8 月

石油和天然气的未来

在未来——我指的是非常遥远的未来，大概 21 世纪末——我们回顾过去，看到汽油车就像我们反观煤炭一样：都是古怪的、该送进博物馆的过时东西。

——离岸北海大会，2014 年 8 月

比赛可能会有加时赛，但比赛终有结束的时候。这显然是确定无疑的。如果你选择不可再生能源，你就像被困在一个氧气逐渐耗尽的房间里，但房间外不是这样。你得逃出那间房间，逃得越早越好过。

——离岸北海大会，2014 年 8 月

化石燃料的转变

我可能不像有些人那么警觉：我觉得危险比我们有时预想的遥远。但与此同时，解决对策也非常遥远，因为可能需要上亿辆电动汽车，才能真的见到成效。如此庞大的行业，需要很长时间才能改变。

——《每日电讯报》，2007 年 8 月 4 日

保护环境

如果我们没有可持续能源这一代技术，是没办法规划出美好的未来的。我们得从根本上让可持续能源变得唾手可得。

——在巴黎第一大学的演讲，2015 年 12 月 2 日

推迟向可持续能源发展的最佳和最坏情况

如果我们等待，如果我们让改变延迟发生，最好的情况是我们仅仅延迟了这一不可避免的、向可持续能源的转变。如果我们不马上行动起来，这是最佳情况……我们拖慢了转变的进度，所得到的结果只是拖慢了进程，而不会让它不出现。然而，最坏的情况可能比史上所有战争加起来都有破坏性、影响更深远。

——在巴黎第一大学的演讲，2015 年 12 月 2 日

实际上的汽油补贴

路上跑的每一辆汽油车或者柴油车其实都收到了补贴。人们有时不喜欢这样。不管何时，烧着化石燃料的发动机都收到了补贴，这是由大众支付的补贴。他们是在消耗海洋和大气的碳容量，更不用说排放的硫化物和氮氧化合物，

这些可比上报监管机构的量大很多。

——特斯拉2016年度股东大会，2016年5月31日

碳　税

我支持政府尽量少干预经济——政府应该是裁判而非运动员，而且也不应该有太多裁判。但有一个例外，即无价的外界因素，比如海洋和大气的二氧化碳容量。如果存在无价的外界因素，那正常的市场机制在这里行不通，政府就该合理地进行干预。干预的最佳方法就是给被消耗的共同利益设定一个合理的价格。

——计算机历史博物馆变革者演讲，2013年1月22日

碳税的反对者

产生碳排放的一方极力反对碳税，他们的策略和烟草业多年的惯用伎俩一样。就算科学拿出压倒性的事实，一致认为吸烟有害健康，他们也会找到几位不同意的科学家，他们会说："你看，科学家们有分歧。"他们就是这样骗公众，让公众以为吸烟没有那么不好。

——在巴黎第一大学的演讲，2015 年 12 月 2 日

太阳能

有一件事大多数人都知道，但他们不会意识到：世界几乎已经完全由太阳供能。如果没有太阳，那么地球会是一个温度只有三开尔文的冰球。太阳为整个降水系统供能。生态系统都是由太阳供能的。

——TED 演讲，2013 年 2 月 27 日

一平方千米等于一百万平方米，每平方米能产生一千瓦太阳能。这样一平方千米就有十亿瓦太阳能，约用 150 到 200 平方千米的太阳能电池板就可以给整个美国供能。想想看，整个美国，用犹他州的一角就可以。我去过犹他州，那里比较荒凉。

——离岸北海大会，2014 年 8 月

中国在太阳能电池板方面的成就

我觉得中国在太阳能电池板这一领域做得非常棒，因为他们为全世界降低了太阳能的成本。中国政府提供大量资金，支持厂家在沙漠中建起多家大型电池工厂。

——西南偏南大会，2013 年 3 月 9 日

太阳能的技术难关

太阳能的技术难关不是电池板，其实是整个系统。本质上来讲，就是针对不同的屋顶专门设计整个系统。然后你得把系统安装好，布好线，把逆变器连接到电网上，申请各种许可。这些问题很麻烦、枯燥而且愚蠢。但如果有人不认真规划，他们还会花更多钱。许多问题很无趣，规划起来也没有什么意思，但这些问题对于太阳能的成本至关重要。

——西南偏南大会，2013 年 3 月 9 日

太阳城公司

太阳城公司其实是一个巨大的分散式设施。它与家庭和公司合作，和大的垄断公用电网竞争。我觉得它真的是人民的电力（力量）。

——西南偏南大会，2013 年 3 月 9 日

收购太阳城公司

特斯拉准备发行电源墙（Powerwall），太阳城公司准备好供应非常独特的太阳能。现在该把它们整合在一起了。

——《远大计划：第二部》，2016 年 7 月 20 日

为了解决可持续能源的问题，我们需要生产可持续能源，主要是以太阳能形式出现——在我看来是太阳能占绝大多数。然后把它与固定式蓄电池、电动汽车相结合，这就是可持续能源的未来完整规划。这是必不可少的三部分，特斯拉应该提供的也是这三种东西。

——特斯拉收购太阳城公司远程新闻发布会，2016 年 6 月 22 日

联合两家独立的公司，在保持一定距离的状态下制造一件产品很难。如果我们给太阳城公司优惠，而它又不是特斯拉的一部分，那我们为什么要给它优惠？如果太阳城

公司是特斯拉的一部分，我们可以优惠；如果太阳城公司是一家独立的公司，那就不行。

——特斯拉收购太阳城公司远程新闻发布会，

2016 年 6 月 22 日

世界需要什么

这就是世界所需要的。这是地球的终极解决方案。我们一直在说的就是它。太阳能、固定式蓄电池、电动汽车——这就是地球的解决方案。我们正努力尽快实现它，我们将这一进程推进得多快，太阳城公司和特斯拉就有多心系天下。

——特斯拉收购太阳城公司远程新闻发布会，

2016 年 6 月 22 日

人们能做什么

说到底，政府回应的是来自公众的压力。要是你告诉政客，他们对气候变化做出正确行动你才会投他们一票，就会产生影响。要是他们每次去参加筹款活动或者晚餐会时，有人问他们：“关于气候，你有什么作为？”他们是会行动起来的。你们有很大的力量，你们拥有做出改变的力量。我们依靠说客肯定无法打败石油天然气行业，那样我们会输掉这场战役。埃克森美孚一年的利润比全美太阳能行业一年的利润加起来还高。不管哪一家美国太阳能公司，都比不上埃克森美孚一年的利润。靠钱是没法赢的，不可能赢。

——在巴黎第一大学的演讲，2015 年 12 月 2 日

抓住每次跟政客谈的机会，让他们通过法案征收碳税。我们得弥补无价的外界因素。我想跟你们的朋友们谈谈这件事，与产生碳排放的行业宣传做斗争。

——在巴黎第一大学的演讲，2015 年 12 月 2 日

第七章

——

太空探索技术公司 SpaceX

一笔小钱

人们问我，为何创立一家火箭公司。我说：“我想学着如何把一笔大钱变成一笔小钱。”

——《发现》杂志，2005 年 9 月 8 日

SpaceX 的灵感

我想弄明白，为什么我们没把人送上火星。因为，阿波罗计划的下一步显然就是送人上火星……我发现美国宇航局没有送人上火星的计划，甚至连再次送人上月球的计划都没有。

——可汗学院谈话，2013 年 4 月 17 日

火星绿洲

首先，我有一个疯狂的想法，希望借此激励这个国家的热情。我给它取名火星绿洲任务。这个想法是，把一个小小的温室送到火星表面，还有脱水的营养胶质，落地之后可以让它恢复水分。想象一下这个宏伟的画面：绿色的植物，红色的背景——我们的认知里火星上第一批生命，生命到过的最远的地方。这肯定会花一大笔钱，而且会得到许多关于培育温室、如何让植物在火星上生存的工程数据。如果我能担负得起，我会觉得这笔钱花得很值，而且不会想着金钱上的回报。

——《连线》杂志，2012 年 10 月 21 日

探索者的国度

我觉得我们真的会失去探索的意愿，失去冲破界限的意愿，回顾历史，不愿向前是一种愚蠢的错误。因为美国是一个探索者的国度，美国本身就是人类探索精神的缩影。但人们要相信，探索宇宙是可能的，不会让他们破产。

——西南偏南大会，2013 年 3 月 9 日

减少航天成本

我说，好吧，我们来看看基本的原则，火箭是由什么做成的？航空航天级别的铝合金，加上钛、铜和碳纤维。然后我问，这些原料的市场价如何？结果发现，火箭的原材料成本只占总成本的百分之二左右——这个比例对于一件庞大的机械产品真是不可思议。

——《连线》杂志，2012 年 10 月 21 日

我得出结论，其实火箭并不需要这么贵，可以便宜得多。就算不重复使用，也可以便宜许多，如果能做到可重复使用，像飞机那样，那么火箭的成本会急剧下降，太空旅行的成本也会急剧下降。

——计算机历史博物馆变革者演讲，2013 年 1 月 22 日

SpaceX 的目标

SpaceX 的目标在于革新太空旅行。长期目标是在火星建立可以自给自足的文明，让未来更激动人心。

——《开拍》，2014 年 2 月 1 日

历史背景

如果我们进一步推进阿波罗项目，到达火星甚至其他星球，在当时的历史背景下看，似乎比我们今天做的其他一切都更重要。

——《宾夕法尼亚公报》，2008 年 11 月 4 日

把生命送上其他星球的原因

如果我们可以在其他星球存活，而不只囿于地球，可能人类文明会延续更久。如果我们只能活在地球上，那么最终会有一场大灭绝，要么是因为人类，要么是因为自然现象。现在，地球上有史以来第一次出现了机会，我们可以把生命拓展到另一颗星球上。已经四十六亿年了——这算很久了。这个机会可能长期存在，我们也希望如此，但也可能存在的时间很短。所以我觉得，应该趁我

们还有机会，把生命送上其他星球，这才是明智之举。

——美国地球物理学会秋季会议，2015 年 12 月 15 日

我觉得它也是我们可以尝试的最激动人心、最有趣的事之一。这是人类能够从事的最伟大的冒险之一。生活不只是解决问题，倘若生活只是解决问题，那早上何必还起床呢？肯定有事情激励着你，让你为身为人类的一员感到骄傲。

——SpaceX 将致力于开发可完全再利用火箭的新闻发布会，2011 年 9 月 29 日

成　功

我不是说我们肯定能做到（踏足其他星球），我们很可能不会成功。但如果某件事足够重要，那你无论如何也应该做。

——《智族》杂志，2008 年 12 月 31 日

能否成功

我们的第一步就是打败现有的传统火箭公司，洛克希德、波音、俄罗斯的……如果这是一场象棋比赛，他们可没什么胜算。

——《史密森尼》杂志，2012 年 12 月

航空航天公司的问题

其中一个（问题）是大型的航空航天公司都极其反感承担风险。即使科技有了进步，它们也还用着传统的零部件，甚至不少还是 20 世纪 60 年代开发的。

……每个人都在想尽办法保住自己。

——《连线》杂志，2012 年 10 月 21 日

第二个（问题）就是喜欢把所有工作都外包出去。许

多行业都流行外包，但是航空航天业的外包已经多到了不可思议的程度。它们外包给承包商，承包商再包给分包商，这样层层传下去。做实际工作的人往往在四五层外包之下的公司里——比如给材料切割、定型的人。每一层外包都要分掉一部分利润——开销以几何级数层层增加，这就是五次方的开销。

——《连线》杂志，2012 年 10 月 21 日

成本与可靠性

经常有人问我们，如果削减成本，产品的可靠性会降低吗？这个问题太荒唐了。法拉利那么贵，可靠性也不高。但我敢跟你打赌，你要是买辆本田思域，第一年肯定不会出大问题。便宜的车可靠性不一定低，火箭也一样。

——《快公司》杂志，2015 年 2 月 1 日

太空中的竞争

火箭的飞行速度都是差不多的，方便和舒适程度也是差不多的。可靠性方面，至少不会比之前差——不然可没人肯用你的火箭发射价值几个亿的卫星——但也不会有什么提升。所以评价技术水平的提升，只剩下一个参数了，就是成本。

——《连线》杂志，2012 年 10 月 21 日

竞争优势

我们的核心竞争力主要还是在于创新的节奏，我们的节奏比绝大多数航空航天公司和国家主导的机构都快。这条规则其实也适用于大多数企业。在创新方面，小公司做得一般都比大公司好。从进化论的角度看，这个结果是必然的，因为小公司不创新就会灭亡。

——麻省理工学院航空航天系百年纪念座谈会，

2014 年 10 月 24 日

航空航天与供应商

我们发现，一般来说，如果想买到便宜、好用又可靠的东西，找一般的供应商就可以了；如果想买又贵、又慢、又可能出问题的东西，找航空航天业的供应商吧。

——国际空间开发大会，2006 年 5 月 4 日

蓝色起源、波音和洛克希德的伙伴关系

当然可以算是嘉奖。如果你所有的竞争对手团结起来对抗你，这算是对你的嘉奖，很真诚的嘉奖。

——收盘倒计时，2014 年 9 月 17 日

波音与SpaceX

一个人或一个个体肯定没有一个种群有意思，（航空航天业）有波音和SpaceX，确实更加刺激一点。SpaceX算是后起之秀，波音是稳健的老兵。

——美国有线电视新闻网（CNN）财富频道（Money），2014年9月18日

杰夫·贝佐斯和太空

我一见到杰夫·贝佐斯，就问他："你怎么不进一步进军太空呢？"

——西南偏南大会，2013年3月9日

发射日

（发射日）当然是非常紧张的，我极度焦虑。我是火箭的首席设计师，不看蓝图我也能画出绝大多数零部件的图纸，感觉像是看着自己的孩子一飞冲天。

——《公司》杂志，5000 大会，2008 年

“猎鹰 1 号”

“猎鹰 1 号”是用来测试的……是我们对航天业的试探。这不是我们的终极武器，只是最初的原型。

——Space.com，2005 年 8 月 12 日

命名助推器阶段

为什么一个推进器叫“猎鹰”，另一个叫“龙”？猎鹰取自星球大战中，七个秒差距就能完成科舍尔航程的“千年隼”。龙其实是取自“魔法龙帕夫”，因为好多人觉得我敢这么做，肯定是吸了大麻。

——2008 年谷歌思潮，2008 年 9 月 8 日

简　洁

（简洁）是我们的信条，因为这样既能保证可靠性，还能降低成本。

——《发现》杂志，2005 年 9 月 8 日

未能进入预定轨道

SpaceX 的“猎鹰 1 号”火箭连续三次未能进入预定轨道。

事要一点点做……不一定要一下子就成功，要一点点前进。

——《公司》杂志，5000 大会，2008 年

我们的确没进入预定轨道，但我们的进步也是很显著的。如果这次是孤注一掷，那我们肯定算是失败了，然而并不是。我们一定要进入预定轨道，也一定能进入。也许我们得试那么几次，但我们能成功，一定能成功。

——《连线》杂志，2008 年 8 月 5 日

“猎鹰 1 号”第四次航行

简直太棒了。在 SpaceX 团队和大家的努力下，我们进

入了预定轨道——真的多亏了大家的努力。有很多人觉得我们会失败——真的是好多人。但俗话说："事不过三。"成功进入轨道真的意义非凡，是SpaceX的一个重要的里程碑。这是世界上只有寥寥几个国家能做到的事。航空航天一般是国家的事业，而不是企业的行为。这个成就真的很了不起。

——"猎鹰1号"第四次航行后对SpaceX员工的讲话，2008年9月28日

美国新太空战略

奥巴马总统刚宣布了最新的太空计划，包括终止"星座计划"，重新分配美国国家航空航天局（NASA）的工作重心，以及为私营航空航天企业创造机会。

我觉得这个新政策的结果是，NASA不会像阿波罗计划那时候一样，大幅增加预算了。人类想再迈出一大步，就一定要考虑花销了。唯一的方式就是像其他交通运输行

业里一样，借助独立企业的力量。

——《科学星期五》，2010 年 4 月 16 日

不断推进的重要性

如果我们失败了，就会变成这个行业里的反例，所以我认为我们应该尽全力前进。

——国际空间站研发会议，2015 年 7 月 7 日

第一次火箭着陆

第一枚火箭返回地球，坠毁在离发射场几百米的地方，粉身碎骨。这枚火箭耗资 600 万美元，其他同级别的火箭耗资均达 2500 万美元。

——可汗学院谈话，2013 年 4 月 17 日

RUD

RUD = 快速临时拆解。

——推特，2016 年 6 月 15 日

可重复使用的火箭

一枚可完全、立刻再利用的火箭——史无前例的——是大幅减少航空航天开支的关键。绝大多数火箭都会在进入大气层时焚毁，SpaceX 却不仅希望火箭不会焚毁，还可以平稳着陆，补充燃料后还可以继续起飞。

——“正中靶心：‘猎鹰 9 号’成功降落海上平台”，2014 年 12 月 16 日

这是很困难的工程问题，我不知道短时间内能不能解决。在最近的一年里，我发现这个问题可以解决，

SpaceX 也会去尝试。我们可能会失败，我当然没有必胜的把握，但我们会尝试。我们的设计理论上——通过计算、模拟——可以实现。我们现在只要让模拟和现实尽可能贴合。因为一般来说，只要不贴合，现实就会赢。

——SpaceX 将致力于开发可完全再利用火箭的新闻发布会，2011 年 9 月 29 日

消耗性助推器的代价

我跟我的团队说，想象有一大堆钱坠入大气层，很快就会燃烧殆尽，灰飞烟灭。你想留下这笔钱吗？应该想吧。

——代码大会，2016 年 6 月 1 日

火箭首次垂直降落的反应

我冲到堤道上观看着陆，火箭落地时音爆也刚好到达我这里，我一开始真的以为发生爆炸了。但结果只是落地与音爆同时发生了，声音几秒钟后才传过来。我还想“也算差一点了”，但我回到发射控制室，看到画面上依然屹立在发射台上的火箭，或是着陆台，我得说，我还不太敢相信。

——火箭首次垂直降落后的远程新闻发布会，

2015 年 12 月 21 日

这真的很不寻常。我不敢随便估计这次降落的历史地位，但应该可以算是革命性的一刻了。没人能让轨道级推进器完好着陆。

——火箭首次垂直降落后的远程新闻发布会，

2015 年 12 月 21 日

首次海上垂直着陆的反应

Dragon 9 的推进器创造了历史——垂直降落在海上的 SpaceX 驳船上。

我认为这是太空飞行的一个里程碑。我们朝飞向太空更深处又进了一步。为了能真正走向宇宙，我们需要掌握完全且迅速回收利用的技术，而回收一级火箭推进器能够大大降低成本。还需要几年才能顺利、高效地回收，但事实证明，回收是可行的。未来可能会遇到一些挫折。但我们会解决问题，达到这种水平：回收火箭成为一种例行程序，只需要用水管把它冲洗干净，加注推进剂，就能再次发射了。

——SpaceX“龙”飞船成功发射 CRS-8 后的新闻发布会，

2016 年 4 月 8 日

SpaceX 上市

SpaceX 的目标都是超长期的，而市场不是。要是让公司（过早）上市的话，我有些担心，市场的压力会逼迫我们做一些短期的产品，而放弃长期的项目。

——计算机历史博物馆变革者演讲，2013 年 1 月 22 日

改进型可消耗运载火箭统包采购

联合发射联盟公司作为唯一供应商，为空军制造改进型一次性运载火箭，SpaceX 对投标提出抗议。

联合发射联盟公司的火箭比我们的贵了约四倍，这样一来，这一合同将让美国的纳税人无端多花数十亿美元。雪上加霜的是，它所采用的一级发动机是俄罗斯制造的。另外，俄罗斯负责空间活动的是德米特里·罗戈津，他又在被制裁名单上。所以整件事显得特别奇怪。我们怎么会

在俄罗斯与乌克兰发生冲突之时，将美国纳税人的几十亿（美元）拱手相送？德米特里·罗戈津本人不从中获得经济利润是不可能的。从表面上来看，违反制裁的可能性也很高。我们认为这件事应当得到关注。我们让这件事暴露在阳光下，就像我说的，阳光是最好的消毒剂。

——“猎鹰 9 号”海上成功降落后的新闻发布会，2014 年 4 月 14 日

在国际空间站和地面之间运送货物

美国宇航局将我们作为在国际空间站和地面之间运送货物的主要系统。事实上，我们的龙飞船是唯一一种能够将重要货物从国际空间站运往地面的飞船。到达国际空间站有各种途径，但是为了充分发挥空间站的价值，将实验器材带回来这件事，只有我们的飞船能做到。

——进出口银行年度会议，2014 年 4 月 25 日

设计宇航服

我们花了很大精力设计宇航服，既重视实用性又考虑美观性。要顾及两方面真的很难，因为最大限度地做到实用是一码事，最大限度地做到美观的话，那宇航服根本就没法用。电影里的那套根本行不通。所以，问题是："我们怎么做出看上去很酷又实用的衣服？"我们的核心目标是，人们看见宇航服，心里会想"有一天我也想穿上这身衣服"。

——国际空间站研发会议，2015 年 7 月 7 日

"龙"飞船二代

明年我们会试飞"龙"飞船二代，它最多可以将七名宇航员送上空间站。其实，"龙"飞船二代也是自带推进系统的着陆器，设计目的本来是将宇航员送到空间

站，但它也可以作为科学运送平台，按需飞到太阳系的任意位置。

——代码大会，2016 年 6 月 1 日

与美国宇航局的分歧

我们时不时会有小分歧，比如为粪便预留的质量与体积太大了，我们会想，他们真会产生那么多粪便吗？

——《智族》杂志，2015 年 12 月 12 日

不太可能的事

的确，我刚开始告诉别人我要创立一家火箭公司时，他们都觉得我疯了。创立（火箭）公司似乎是一件不太可能的事。而且我也同意——我也觉得很不可能。但有时不

太可能的事就是会发生。

——航空界传奇颁奖晚宴，2010 年 1 月 22 日

新领域

现在在地球上，你可以在 24 小时之内到达任何地方、任何角落。如果你想的话，从现在算起，24 小时之内，你可以飞越南极点，在那里跳伞，也可以坐飞机跳伞到达珠穆朗玛峰顶，还可以潜到海底。在地球上，从物理学角度来看，你想去哪里都行——任何地方。地球上不再存在真正的尚未开发的领域了，太空才是新的领域。

——国际宇航大会，2016 年 9 月 27 日

第八章

工程学

在工程领域的起步

我是物理学和经济学科班出身，但我算是在工程学环境中长大的——我父亲是机电工程师。从小身边都是与工程相关的东西。我提个问题，就会有人告诉我最基本的工作原理。小时候我也做火箭模型，在南非没有预制的火箭模型，我得去找药剂师才能拿到火箭燃料的原料，把原料混在一起，然后放进管子。

——《连线》杂志，2012 年 10 月 21 日

工作中最喜欢的一点

如果我说了算，我会把所有时间都花在工程方面，做设计、测试不同的想法。但我得做很多组织管理工作，开财务会议，与投资人谈话。但我最喜欢的还是与我的工程师团队一起探讨新想法、尝试新事物。

——航空界传奇颁奖晚宴，2010 年 1 月 22 日

工程是魔法

要是回到几百年以前，我们现在认为理所当然的事情就像魔法一样——能够和远距离之外的人谈话、传输图片、飞行、像先知一样访问海量数据……不论从哪个角度看，工程都是魔法，而谁不想当魔法师呢？

——《福布斯》杂志，2012 年 3 月 26 日

工程师应该多生孩子

（马斯克育有五子。）

我父亲是工程师……如果不是的话，那我跟工程就不会有什么接触，哪怕是在南非。工程师应该多生孩子——不管从先天因素还是后天影响看，工程师的孩子都更可能成为工程师。我是在尽我的公民责任，弥补不生孩子的人的空缺。

——创始人展示大会，2010 年 8 月 3 日

移民法

我觉得有必要审视一下我们的移民法。如果有人才在我们的大学攻读工程学硕士，那就要尽一切可能把他们留下来。一名顶尖工程师留下来，也许能创造十个工作岗位。这种加倍的影响力不容忽视。

——进出口银行年度会议，2014 年 4 月 25 日

设计与美学

我认为，人的大脑中本就有代表美的要素，触发了你对美的喜爱之情。这在人类群体中是相对一致的，但并非完全一致——并不是所有人都喜欢同一样东西，但人的喜好也有许多共通之处。

——斯坦福科技创业计划未来节，2015 年 10 月 7 日

达到完美

我们渴望并追求理想中完美的车。没人知道完美的车是什么样的，但我们想让车的每一处都尽善尽美。总会多少有些不完美，但我们尽量把它减到最少，造出一辆各方面都让人满意的车。

——“启动”香港创业论坛，2016 年 1 月 26 日

细　节

你可以训练自己，让自己注意到微小的细节，这大概人人都能做到。但这是一把“双刃剑”，因为如果你满眼只是细节，就会被细枝末节逼疯的。

——斯坦福科技创业计划未来节，2015 年 10 月 7 日

制造业的挑战

要造出某个产品的样品，比如价值几辆车的一辆样品，一个小团队也许花三到六个月就可以了。但要想制造生产机器的机床，至少需要一百倍到一千倍的人力、物力、财力，困难也翻了一百倍到一千倍。

——特斯拉 2016 年度股东大会，2016 年 5 月 31 日

相信制造业

特斯拉坚信生产产品，不像他们（谷歌和苹果）。没关系，这是理念上的不同。我们相信制造工艺本身就能产生大量创新，制造车的过程中产生创新的潜力，远远超过设计过程中的。只是理念不同而已。也许我们想得不对，但我们相信制造业，相信像我们一样重视制造业的公司能吸引制造业内最优秀的人才。

——特斯拉 2016 年第一季度财报会，2016 年 5 月 4 日

Model 3 的设计

Model S 是我们第一辆完全自主设计的汽车，当时我们只想着让车正常运转起来。Model X 是基于 S 的平台打造的，但是更加复杂，生产制造的难度也更大。Model 3 是第一辆在设计时就把方便生产制造考虑进去的汽车，算得上是一次根本上的革新。

——特斯拉 2016 年第一季度财报会，2016 年 5 月 4 日

建造特斯拉工厂

我们意识到真正的问题、真正的困难以及最大的潜力，都在于制造出能生产机器的机器——换句话说，建造一家工厂，同时将工厂当作产品……我们制造汽车时，不是对着产品目录采购零件（再组装起来），而是先按照自己的思路设计，再与供货商合作，制造我们需要的零部件。Model S

使用的零件和其他汽车中的完全不一样。而且我认为，制造机器的机器，之前说到的工厂，也要用这种思路来设计生产。我认为制造机器的机器所具有的潜力，比用这种思路制造汽车的潜力大十倍，甚至还更多。

——特斯拉 2016 年度股东大会，2016 年 5 月 31 日

我们设计工厂的思路，和设计高级计算机的思路差不多，我们甚至请了设计计算机的工程师来参与设计工厂。只要和顶级的工程师解释一下，他们的灵感就不断涌现。许多工程师没有想到可以这样做。他们自己建起了壁垒——然后在壁垒中作业。我们一直在跟他们讲，这些壁垒是不存在的。

——特斯拉 2016 年度股东大会，2016 年 5 月 31 日

外星无畏战舰

我们为这台制造机器的机器起了个内部代号，“外星无畏战舰”。你觉得我们设计出的工厂像外星无畏战舰的时候，我们就成功了。

——特斯拉 2016 年第二季度财报会，2016 年 8 月 3 日

双向反馈循环

我同样认为工程和生产之间需要建立严格的反馈循环。如果生产车间离工程师太远，这个循环就没法实现。设计汽车的人也许不知道，他的某一个设计会给生产带来困难。但如果生产车间离工程师的办公室只有几十米，那工程师就能亲眼看见生产的过程。同样，很多生产一线的员工也许对当前的设计有很棒的改进意见，但如果他们离负责设计的工程师太远，就没法与他们交流这些。这一点很少有

人注意到，但是在工程和生产之间建立严格的双向反馈循环，对改进汽车、提高效率以及降低成本都有很大的帮助。

——进出口银行年度会议，2014 年 4 月 25 日

第九章

关于投资

孤注一掷

只要你能控制局势，孤注一掷也是可以接受的。但硅谷融资模式的问题在于，一轮融资过后，控制权就不在你手里了。

——《公司》杂志，2007 年 12 月 1 日

选择风险投资人

如果有这样两个投资人摆在你面前：一个给公司的估值低，但你很喜欢；另一个给公司的估值高，但你对他一直有疑问，一定要选低估值的那位。一位合作愉快，只是给公司估值低的投资人比一位给公司估值高但你不信任的投资人强。

——PandoMonthly，2012 年 7 月 12 日

用自己的钱投资

贝宝被收购时，我的税后收益大约是 1.8 亿美元。我给 SpaceX 投资了 1 亿美元，给特斯拉投资了 7000 万美元，给太阳城投资了 1000 万美元，然后我连房租都要借钱交了。

——PandoMonthly，2012 年 7 月 12 日

我坚信，如果你不愿意投入自己的钱，那就不要请投资人投入他们的钱。我真的相信别人的钱和自己的钱应该有联系。自己都不肯投资的项目，怎么能请别人投资……我宁可损失自己的钱，也不会损失朋友或是投资人的钱。

——特斯拉 2016 年度股东大会，2016 年 5 月 31 日

衡量成就

我不会用公司的市值来衡量自己的成就。

——《智库》，2007 年 12 月 13 日

捐赠资产

有那么一段时间，我认可这样一种理念，最好将自己99%甚至更多的财产捐赠出去——和沃伦·巴菲特的理念差不多。我现在的理念依然大同小异，但是看到了福特、通用和克莱斯勒三家汽车公司的经历——通用和克莱斯勒破产了，而福特没有——之后，发现福特公司在长线决策上应该比其他两家好一点，有一部分原因是福特家族的影响力。然后我就想："家族长期保有公司的所有权好像也是有好处的，至少要保有一部分，这能够给公司带来积极影响。"

——计算机历史博物馆变革者演讲，2013年1月22日

对孩子的期望

我当然希望他们能努力奋斗。我相信他们会对社会做

出贡献。他们不会成为纨绔子弟。我希望他们能做工程师、作家，只要给社会的回馈比索取多就好。

——《每日电讯报》，2007 年 8 月 4 日

第十章

——

生活感悟

享受工作

要追求这三样：早上起床做好自己的工作；有一笔可观的经济收入；给世界带来一点影响。如果三样你都得到了，你跟你的孩子就有可讲的了。

——《宾夕法尼亚公报》，2008 年 11 月 4 日

火人节的感悟

一定要看看火人节里的种种感悟，你不一定非要追求那些事物。

——计算机历史博物馆变革者演讲，2013 年 1 月 22 日

将“可能性”变成“确定性”

首先要建立可能性，然后就会出现确定性。

——《时尚先生》杂志，2012 年 11 月 14 日

做自己

应该有这样一条规定：提子燕麦饼干不能跟巧克力曲奇太像。真假饼干的小把戏！

——推特，2014 年 12 月 20 日

不是对提子燕麦饼干有意见，开心做一块小饼干就好。

——推特，2014 年 12 月 20 日

抱 怨

人生太短，没时间抱怨。

——《公司》杂志，2007 年 12 月 1 日

恐 惧

我并不是无所畏惧的，其实，我对恐惧的感受非常强烈。

——AutoBild.tv，2014 年 11 月 6 日

宿命论（对恐惧）还是有一定效果的。你欣然接受了各种可能性后，恐惧自然就消失了。

——创业投资加速器“如何创立未来”系列，2016 年 9 月 15 日

唱反调的人

比较讽刺的一点是，许多唱反调的人说完“不可能”，又会改口说“显然可以”。我会说：“等等，究竟是可以还是不可能，肯定不能两个都是。”

——特斯拉 2016 年第一季度财报会，2016 年 5 月 4 日

《纽约时报》的争议性报道

我们以为记者就应该是中立、公正的，我们之前接触的《纽约时报》记者都是这样，《纽约时报》也是一家颇以新闻诚信为傲的媒体。因此我们没有读他（John Broder）之前写过的文章，也不知道他毫不避讳自己对电动汽车的蔑视。结果我们被要了，让电动汽车界失望了。为此我深感抱歉。

——《独特无比的试驾》，2013 年 2 月 13 日

批判性评论

我对负面反馈没有意见，也不介意批判性的言论。如果我真的介意，那我每时每刻都得忙着反驳他们了。负面的文章有几百篇——几百篇呢——可我只发了几次声。我不介意批判性评论，我介意的是虚假评论。

——西南偏南大会，2013 年 3 月 9 日

物理学与宇宙

把物理学当成宇宙的压缩算法，这种观点很有意思。而物理学的公式基本都是这样。

——推特，2016 年 2 月 16 日

睡 眠

我曾经探索过多久的睡眠时间最合适。我发现睡眠时间缩短到一定程度以后，虽然我的头脑能清醒更久的时间，效率却变低了，因为我的思维没那么敏锐了。最后我发现，一般来说，平均每晚六到六个半小时的睡眠最合适。

——计算机历史博物馆变革者演讲，2013 年 1 月 22 日

趁年轻去冒险

随着年龄的增加，人身上的责任也在增加。等到成了家，你冒的风险也变成了家庭的风险。那时，去冒失败的风险就太困难了。所以，现在是冒险的好时候——在担负家庭的责任之前。我建议你们现在就去冒险，做大胆的尝试。你不会后悔的。

——南加利福尼亚州大学毕业典礼致辞，2014 年 5 月 16 日

《等待戈多》

我最近体会到了《等待戈多》里蕴含的精彩的荒诞幽默。我们总是在等，不知道为什么等，等到何时，在哪儿等。

——推特，2016 年 4 月 17 日

平衡工作与生活

我总会安排好陪孩子的时间，因为我喜欢跟他们在一起。孩子们真的很棒。他们 99% 的时候都能让我更加开心……经历过这么多，还是孩子们让我最开心。他们经常待在自己的小世界里，好几个小时不跟老爸说一句话。我可以跟他们待在一间屋子里，他们时不时跟我说句话，我可以看看邮件，处理些工作上的事，他们随时可以跟我聊天。

——代码大会，2016 年 6 月 1 日

功劳归给应得的人

我想强调的是，有时候——其实是绝大多数时候——我的工作分到的功劳、得到的注意力太多了。我只是在台前的人。我的几家公司之所以成功，是因为各个层级都有优秀的员工，推动着公司前进。

——博鳌亚洲论坛上与比尔·盖茨的对话，

2015 年 3 月 29 日

勇于尝试

你认为足够重要的事，就要去尝试，哪怕以失败告终。

——哥伦比亚广播公司（CBS）《60 分钟时事杂志》，

2014 年 3 月 30 日

说服大众

想说服大众去做某件事，就得想：“他们会怎么理解？我们想传递什么信息？大家会有什么反应？如果我是大众里一个客观的个体，我会有什么反应？”想改变人们的思维或是让人们因为什么兴奋起来，就要这样想：“好吧，是什么信息呢？什么能让他们兴奋起来呢？”

——斯坦福科技创业计划未来节，2015 年 10 月 7 日

保持专注

专注非常重要。在资源一定的情况下，你失去了多少专注，就失去了多少执行力。

——特斯拉 2016 年度股东大会，2016 年 5 月 31 日

遗　产

对于未来，行动最重要，而不是人们对我的看法。即使我去世很久了，我做的事情还有没有意义？

——《智族》杂志，2015 年 12 月 12 日

大事记

1971 年

埃隆·马斯克在南非德兰士瓦地区豪登省的比勒陀利亚出生，父母分别是埃罗尔·马斯克和玛耶·马斯克。

1984 年

马斯克使用 BASIC 语言编写了一个游戏——Blastar，然后卖给一本计算机类杂志，赚了 500 美元。

1988 年

马斯克获得加拿大国籍（他的母亲在加拿大出生），移居加拿大，并开始打零工。

1990 年

马斯克进入加拿大安大略省金斯顿市的皇后大学学习商学课程。他给其他同学组装电脑，赚得一部分学费。

1992 年

马斯克获得了美国宾夕法尼亚大学的奖学金，转学至宾夕法尼亚大学学习经济学与物理学。他和室友阿迪奥·莱西为别人策划大型派对赚学费。

1994 年

马斯克写了一份商业计划书《作为太阳能的重要性》以完成学校的作业，展望了太阳能作为能源的发展前景。

马斯克从宾夕法尼亚大学沃顿商学院毕业，获得经济学学士学位，并决定再留校一年完成物理学学士学位（由于学位的授予条件改变，他于 1997 年才正式拿到两个学位）。

1995 年

马斯克搬到加利福尼亚州，在斯坦福大学攻读物理与材料科学博士学位。但马斯克在正式开学前就主动退出了，他开始参与创建兹普，为传媒产业提供软件及服务。

1999 年

2 月，马斯克将兹普作价 3.07 亿美元出售给康柏公司，自己获得 2200 万美元。

马斯克用出售兹普获得的钱，与人共同创办了 X.com——一家涉及互联网金融及支付的公司。

2000 年

1 月，马斯克与大学时期的女友贾斯汀・威尔逊结婚。

X.com 与另一家互联网金融公司 Confinity 合并，这家公司由彼得・蒂尔、马克斯・列夫琴、卢克・诺赛克和肯・霍沃利共同创办。马斯克成为新 X.com 的 CEO，并将业务聚焦在在线支付上——之前两家公司最受欢迎的业务都是在线支付。后来，马斯克被免去 CEO 职务。

2001 年

X.com 改名为 PayPal。

马斯克创立马斯克基金会，为可再生能源、太空探索、儿科疾病研究和科学及工程教育提供研究及宣传资金。

马斯克策划了“火星绿洲”计划，将公众的注意力聚焦到了太空——NASA 的预算也因此增加，他提议向火星发射一个小型温室，种植植物。他在进行研究时，意识到这个计划光有公众的支持是不够的。如果火箭技术没有突破，开销会非常大。

2002 年

马斯克获得美国国籍。

5 月，马斯克和贾斯汀的第一个孩子——内华达 · 亚历山大出生。他与内华达州同名，那里是火人节的大本营。

他的母亲正是在这个一年一度的艺术及音乐盛会上怀上他的。

2 月，贝宝上市，首次公开募股金额达 7000 万美元，马斯克是最大的股东。不久之后，易贝网以 15 亿美元的估值收购贝宝，马斯克因此得到 1.8 亿美元。

内华达出生后 10 周，因猝死综合征夭折。

在收购俄罗斯洲际弹道导弹（ICBM）失败后，马斯克意识到他可以创立一家公司，自行设计、生产火箭的绝大部分零件，来减少火箭的成本。

马斯克用一部分贝宝被收购后得来的钱投资成立了太空探索科技公司（即 SpaceX），聘用了火箭科学家汤姆·穆勒，在加利福尼亚州埃尔塞贡多市设立了第一个总部。

2003 年

马斯克与 JB 施特劳贝尔共进午餐，两个人谈到了共同的兴趣——电动汽车。经施特劳贝尔推荐，马斯克试驾了一辆名为 tzero 的电动汽车原型，该原型由 AC Propulsion

公司开发。

马斯克尝试说服 AC Propulsion 公司将该款车型商业化。

2004 年

马斯克和施特劳贝尔与马丁·艾伯哈德、马丁·塔彭宁以及伊恩·莱特三人合作（后三人当时已经成立了特斯拉汽车公司），将 tzero 电动汽车商业化。马斯克以 650 万美元领投该公司的 A 轮融资。他成为董事会主席，积极参与设计新车——特斯拉 Roadster。

马斯克与贾斯汀有了一对双胞胎，格里芬和泽维尔。

2005 年

特斯拉用改装后的莲花 Elise 汽车底盘、特斯拉电池组和 AC Propulsion 公司的动力系统，制造出了第一辆 Roadster 测试车。

马斯克与勇气资本领投特斯拉 B 轮融资 1300 万美元。

为发射小型便捷太空运输设备（RSS），美国空军与SpaceX 签署无限期、无限量供应合同。

SpaceX 宣布开发重型运载火箭“猎鹰 9 号”。

马斯克在自己担任执行制片人的电影《感谢你抽烟》中客串。

2006 年

史上第三枚由私营企业开发的轨道运载火箭——“猎鹰 1 号”第一次发射失败。

特斯拉进行 C 轮融资，马斯克与人联合领投，投资人包括谢尔盖·布林和拉里·佩奇。

马斯克帮助表弟彼得和林登·里弗创办太阳城公司，马斯克担任董事会主席。

特斯拉完成 Roadster 原型车，马斯克担任首席设计师。该款车型正式发布，并开始接受预订。两周内共收到 127 笔订单。

8 月，SpaceX 与 NASA 签订商业太空轨道运输（COTS）

项目合同，总额2.78亿美元，以往国际空间站（ISS）运送货物。该笔款项用来开发“猎鹰9号”火箭、“龙”飞船以及载具的试飞。

马斯克与贾斯汀有了三胞胎，达米安、萨克逊和凯。

米哈伊尔·戈尔巴乔夫为马斯克颁发全球绿色产品/工业设计奖，该奖授予特斯拉Roadster车型。

2007年

特斯拉为准时交付Roadster付出了巨大努力，包括更换所有第一代产品的驱动单元，彻底重新设计发动机。

“猎鹰1号”第二次发射未能成功进入轨道。

特斯拉第四轮融资额达到4500万美元，募集的私人资金总额达到1.055亿美元。

艾伯哈德离任（或被撤职，取决于讲话人的视角）特斯拉的CEO，暂时由迈克尔·马克斯接替，引出了之后艾伯哈德和马斯克的一系列法律纠纷。后泽夫·多洛利接任CEO。

《公司》杂志将马斯克评为年度企业家。

《研发》杂志将马斯克评为年度创新家。

特斯拉 Roadster 的设计为其赢得 INDEX 奖。

2008 年

特斯拉将电池组工厂从泰国搬迁至湾区——这在传统制造业看来很不寻常——以让供应链更加完备。该决策为特斯拉将来标志性的垂直整合制造技术打下了基础。

第一辆特斯拉豪华跑车 Roadster 交付给顾客（马斯克本人），可是车不能开。

特斯拉开始推翻 Roadster 的设计、技术及制造，并更换了绝大部分供应商。公司陷入财政困境。然而到了 3 月，Roadster 正常生产，成为第一辆制造过程零碳排放的汽车。

特斯拉第一家零售店在加利福尼亚州桑塔莫妮卡大道开业，专注改善传统汽车销售业的顾客体验。

特斯拉发布四门轿车 Model S，定价约为 5 万美元。

8 月，“猎鹰 1 号”第三次未能成功进入轨道。

特斯拉聘用弗朗兹·冯·霍兹豪森为首席设计师。

9月，“猎鹰1号”作为第一个私营企业制造的液体燃料火箭成功进入轨道。当然，马斯克的资金只够支撑这一次发射了。

“猎鹰1号”及“猎鹰9号”成功发射，作为奖励，NASA与SpaceX签订无限期、无限量的火箭发射合同。

马斯克和贾斯汀登记离婚。之后不久，马斯克开始和英国女演员妲露拉·莱莉约会，两个人初识于伦敦的夜店。

10月，马斯克接任特斯拉CEO，随后开始裁员。

马斯克因“猎鹰1号”的设计获得美国航空航天学会的乔治·M低空运输奖，并被《时尚先生》杂志评为“21世纪最有影响力的75人”。

在美国金融危机期间，SpaceX的“猎鹰9号”火箭以及“龙”飞船与NASA签订了总额16亿美元、包含12次航行的商业补给服务合同。不过，商业补给服务是建立在太空轨道运输服务成功的基础上的。这份合同，加上最后时刻的一笔4000万美元的融资，帮助SpaceX侥幸免于破产。

2009 年

特斯拉为戴姆勒评估了两辆电动车原型，得到了第一份动力系统开发合同、与戴姆勒的长期合作关系以及 5000 万美元的投资。这让一度挣扎在破产边缘的特斯拉站稳了脚跟，并在汽车界赢得了一席之地。

特斯拉召回 2008 年 3 月以来生产的 75% 的 Roadster。

美国能源部（DOE）批准了特斯拉在高级汽车制造技术（ATVM）贷款项目中申请的 4.65 亿美元贷款。

7 月，“猎鹰 1 号”在第五次太空旅途中，第一次将商业卫星——RazakSAT 成功送入预定轨道。该火箭随后退役，由“猎鹰 9 号”取代。

因为其对航空领域做出的贡献，马斯克在航空航天周上受到嘉奖。他获得（美国）国家航空协会的沃纳·冯·布劳恩纪念奖，该奖是颁给航空航天业中举足轻重的领导人物的。

2010 年

特斯拉收到美国能源部批准的 4.65 亿美元贷款。

丰田向特斯拉投资 5000 万美元，两家公司开始合作研发。特斯拉收购了丰田和通用在加利福尼亚州弗里蒙特的 NUMMI 工厂，此举也是合同内容的一部分。特斯拉接管了整个工厂，当年晚些时候，特斯拉工厂正式投产。

特斯拉上市，首次公开募股金额达 2.261 亿美元，成为福特之后第一家上市的美国汽车企业。

6 月，“猎鹰 9 号”第一次任务成功发射。当月，铱星通讯与特斯拉签订史上最大的商业航空航天合同，金额达 4.92 亿美元。

9 月，马斯克与妲露拉·莱莉结婚。

马斯克客串《钢铁侠 2》。

马斯克基金会和太阳城公司向亚拉巴马州柯登市的南湾社区联盟（SBCA）飓风应急中心捐赠一套太阳能供电系统。

《时代》杂志将马斯克评为全球最有影响力的人之一。他还被评为全球年度汽车高管，成为获得这一奖项最年轻的人。

国际航空联合会（FAI）向马斯克颁发“猎鹰 1 号”的金质太空奖章。

12 月，在商业太空轨道运输项目的试飞任务（“猎鹰 9 号”第二次发射）中，SpaceX 将“龙”飞船成功发射，送入轨道，并顺利回收，成为第一家获得如此成就的私营企业。

2011 年

特斯拉公布 Model S 的公测原型车。

SpaceX 签订的太空轨道运输合同达到新的里程碑，总额为 3.96 亿美元。

SpaceX 公布“猎鹰 9 号”第一阶段研发成本：3 亿美元多一点。这比 NASA 预估的成本（签订传统的成本加利润型合同）少了 36 亿美元。

《福布斯》杂志将马斯克评为美国 20 名 40 岁以下最有影响力的首席执行官（CEO）之一。《华盛顿日报》将他评为年度科技创新人物。

因为在航空航天商业化领域的突出贡献，马斯克被授予海因莱因奖。

2012 年

2 月，私募市场为 SpaceX 估值 13 亿美元。

特斯拉发布 Model X，全尺寸豪华跨界 SUV。

5 月，"龙"飞船执行商业补给任务，成为第一艘停靠国际空间站的私营企业制造的飞船。此举后，私募市场为 SpaceX 估值 24 亿美元，接近 2 月估值的两倍。

特斯拉开始向顾客交付第一款高端电动四门轿车 Model S。

马萨诸塞州汽车经销商协会起诉特斯拉，称特斯拉直接向顾客销售汽车的行为违反州零售法规。随后几年，其他州的汽车经销商组织相继起诉特斯拉。

SpaceX 履行与 NASA 签订的合同，发射国家海洋及大气管理局的 Jason-3 号飞船。这是 SpaceX 第一次为 NASA 提供科研用飞船的发射服务。

SpaceX 与 NASA 签订总额 4.4 亿美元的合同，2017 年完成开发新型载人航天飞船。

SpaceX 的“太空蚱蜢”——垂直起降的测试飞船，首次“起跳”高度达到 6 英尺（约为 1.829 米）。SpaceX 旨在让“猎鹰 9 号”一级推进器能够完全、立刻再利用，这是它“跳”出的第一步。

特斯拉公布第一批 6 个秘密建设完成的超级充电站，让特斯拉车主免费充电，进行长途旅程。

马斯克与妲露拉·莱莉登记离婚。

12 月，美国空军空间与导弹系统中心与 SpaceX 签订合同，购买两次改进型可消耗运载火箭发射服务。

Model S 获得《汽车趋势》2013 年度汽车奖，以及《汽车》杂志的年度汽车奖。

《史密森尼》杂志为马斯克颁发美国科技智慧奖，马斯克位列《福布斯》杂志全球亿万富豪榜。另外，皇家航空协会为马斯克颁发金质奖章，这是该协会的最高荣誉。

截至年底，SpaceX 累计完成发射超过 40 次。

2013 年

马萨诸塞州高等法院法官撤销了汽车经销商协会对特斯拉违反州零售法规的指控。之后，纽约州高等法院法官做出了类似的裁决。

SpaceX 的“猎鹰 9 号”及“龙”飞船连续 5 次发射成功。

5 月，特斯拉提前 9 年整偿清了能源部的贷款，成为史上第一家偿清政府贷款的汽车公司。

7 月，马斯克与妲露拉·莱莉再婚。

Model S 获得美国国家高速公路交通安全管理会五星评级，创下乘客事故概率的新低。

特斯拉在荷兰的新组装工厂投产，并公布欧洲的超级充电站网络。

马斯克发表 58 页的长论文，讲述他对超回路列车

（Hyperloop）——第五种交通工具的开源设想。

“猎鹰 9 号”的测试飞船“太空蚱蜢”演示了飞行、转向及着陆的 100 米横向移动测试。

“猎鹰 9 号”1.1，即第二代“猎鹰 9 号”，在演习发射加拿大 CASSIOPE 卫星时完成首次航行。

“太空蚱蜢”在最后一次飞行中达到 774 米的高度——也是最高的一跳，随后在发射台上悬浮、安全着陆。随后，SpaceX 将其退役。

SpaceX 成功将 SES-8 卫星送入轨道，成为第一家将地球同步卫星送入轨道的私营企业。

《财富》杂志将马斯克评为年度商业家。

截至年底，SpaceX 累计完成近 50 次发射。特斯拉累计生产汽车 20000 余辆，较前一年有大幅度增加。

2014 年

“猎鹰 9 号”运载火箭在大西洋软着陆，成为史上首枚在海上顺利降落的液体引擎轨道运载火箭。

SpaceX 向美国联邦法院提起抗议，针对联合发射联盟签订的改进型可消耗运载火箭（EELV）合同，称该合同应该邀请其他公司公开竞标。随后，马斯克在美国参议院的国家安全太空发射计划听证会上做证，指控 ULA。

SpaceX 发布第二代“龙”飞船，运送宇航员往返太空。

特斯拉宣布将专利公开，并承诺不发起专利相关的诉讼。

6 月，特斯拉的超级充电站网络单月向 Model S 的电能输出量首次超过十亿千瓦时（十亿度）。

特斯拉宣布与松下合作建设超级电池工厂。该工厂将大规模生产电池，以降低其成本。

马斯克向漫画家马修·因曼的沃登克里夫特斯拉科学中心项目捐款 100 万美元，用于该中心的建设。

SpaceX 从 NASA 总额 68 亿美元向国际空间站运载宇航员的合同中分得 26 亿美元，该合同属于商用机组

（CCP）项目，之前外界均以为会由波音一家包揽。

特斯拉公布配备双引擎、全驱动和自动驾驶的 Model S。

特斯拉汽车的全球累计行驶里程超过 5 亿英里（约 8.047 亿千米）。

SpaceX 完成第 100 个梅林 1D 引擎的制造，该引擎将用来驱动“猎鹰 9 号”。

12 月，马斯克与妲露拉·莱莉第二次登记离婚，但随后便撤销了申请。

2015 年

马斯克向生命未来学院捐款 1000 万美元，资助让人工智能有益人类的研究。

1 月，“猎鹰 9 号”成功将“龙”飞船发射升空，但在尝试海上降落在 JRI（Just Read the Instructions，“请看你的说明书”）无人船上时，飞船因速度过快而爆炸。4 月，“猎鹰 9 号”再次成功将“龙”飞船发射升空，但在尝试同样的降落动作时再次爆炸。

SpaceX 与美国空军就改进型可消耗运载火箭项目达成和解。

SpaceX 完成 10 亿美元规模的新一轮融资，本轮融资新增加了两个投资方：谷歌和富达资本。

SpaceX 同时发射两颗卫星取得成功，此举是史无前例的。每颗卫星的发射成本不足 3000 万美元。

特斯拉发布 Powerwall 和 Powerpack，两款座式储能解决方案，分别针对居民及商业用户。

5 月，“猎鹰 9 号”获得美国国家航空任务安全许可，这意味着 SpaceX 可以与联合发射联盟竞标 EELV 的采购合约。

SpaceX 用来运载宇航员的“龙”飞船成功演示了紧急中断飞行系统，该系统也是 SpaceX 与 NASA 签订的商用机组项目的研发内容之一。

6 月，特斯拉汽车的全球累计行驶里程超过 10 亿英里（约 16.093 亿千米）。

SpaceX 向联邦政府申请研发卫星互联网络，该项目旨在为偏远地区提供卫星互联网连接。

SpaceX 宣布为大学生和独立工程集团举办一场超回路吊舱比赛，并计划修建超回路测试跑道，供参赛选手测试他们设计的一人大小的行驶舱。

特斯拉开始交付第一批 Model X。

马斯克宣布成立非营利组织 OpenAI，旨在将人工智能技术民主化，并在将来一直造福人类。

全推进器版“猎鹰 9 号”首飞。这是第三代“猎鹰 9 号”火箭，也是第一个装备可再利用第一级推进器的火箭。该火箭将 11 颗卫星送入轨道，返回地球，并在肯尼迪航天中心垂直着陆，成为第一个垂直着陆的一级推进器。这是 SpaceX 向火箭再利用迈出的一大步。

《福布斯》杂志将马斯克排在“全球最有影响力人物”第 38 位，以及“400 富豪榜”的第 34 位。

2016 年

特斯拉为 Model S 和 Model X 更新 7.1 公测版固件，内含召唤及自动停车功能。

特斯拉公布 Model 3，称其为价格最合理的量产电动汽车。仅一周的时间，预订数就超过 30 万辆。该款车型已在 2017 年年底交货。

3 月，妲露拉·莱莉递交离婚申请，并宣布不会撤销申请。

“猎鹰 9 号”火箭成功将“龙”飞船送入太空，运送国际空间站的物资，返回地球，并在“我当然还爱着你”号无人船上垂直降落。这是一级推进器首次在水上降落。5 月 6 日、5 月 24 日及 8 月 14 日，“猎鹰 9 号”又重复了这一过程。

作为奖励，美国空军与 SpaceX 签订总额 8270 万美元的新 GPS 卫星发射合同。此次发射任务在 2018 年 5 月由“猎鹰 9 号”火箭执行。这一合同也打破了波音和洛克希德·马丁在美国军方卫星发射服务中的垄断地位。

这一年，SpaceX 宣布最早在 2018 年即可发射改良版

“龙”太空舱着陆器到火星，这也是 NASA 与 SpaceX 公私合作计划的一部分。

特斯拉开设了全球最大的电池工厂。

特斯拉以 26 亿美元收购太阳城公司，使特斯拉成为世界上唯一一家垂直整合的可持续能源公司。年底，特斯拉正式完成收购。

马斯克发表《远大计划：第二部》，阐述了 2017 年发布电动汽车特斯拉 Semi 和电动公共交通工具的计划。

特斯拉发布为 Model S 和 Model X 设计的 100 千瓦时电池组，可分别供两款车单次充电行驶 315 英里（约 507 千米）以及 289 英里（约 465 千米）。该升级版的电池组也让 Model S 成为世界上最快的量产车，0 至每小时 60 千米加速只要 2.5 秒。

“猎鹰 9 号”在肯尼迪航天中心例行添加推进剂时，在发射台上爆炸，炸毁了火箭及运载卫星。

《驾驶》杂志将马斯克排在“汽车业最有影响力的 10 人”中首位，“汽车技术行业最有影响力的 10 人”中第 2

位。马斯克还被《福布斯》杂志评为全球游戏改变者，并在科技界富豪榜上排名第15。

SpaceX计划首次使用重复使用的火箭进行发射。

图书在版编目（CIP）数据

浙江省版权局
著作权合同登记章
图字：11-2021-282号

颠覆：马斯克的商业逻辑和创新法则 / (美) 杰西卡 · 伊斯托编著；张旭，任泽昆译. -- 杭州：浙江人民出版社，2022.6

ISBN 978-7-213-10458-9

Ⅰ.①颠… Ⅱ.①杰… ②张… ③任… Ⅲ.①埃隆 · 马斯克 - 企业管理 - 经验 Ⅳ.①F279.712.3

中国版本图书馆CIP数据核字（2022）第025319号

颠覆：马斯克的商业逻辑和创新法则

DIANFU: MASIKE DE SHANGYE LUOJI HE CHUANGXIN FAZE

[美] 杰西卡 · 伊斯托 编著 张 旭 任泽昆 译

出版发行 浙江人民出版社（杭州市体育场路347号 邮编310006）
责任编辑 卓挺亚
责任校对 戴文英
封面设计 陈摆烂
电脑制版 书情文化
印　　刷 三河市冀华印务有限公司
开　　本 880毫米 × 1230毫米 1/32
印　　张 6
字　　数 82千字
版　　次 2022年6月第1版
印　　次 2022年6月第1次印刷
书　　号 ISBN 978-7-213-10458-9
定　　价 45.00元

如发现印装质量问题，影响阅读，请与市场部联系调换。
质量投诉电话：010-82069336